뻐저리 아저씨

아시아

일러두기

1. 이 책은 원문의 철자법을 거의 모두 현재 국어 문법에 맞도록 고쳤으며,
   한자는 한글로 바꾸는 것을 원칙으로 해서 필요한 경우에는 괄호 안에 병기했다.
2. 몇몇 주석은 모두 편집자주이다.
3. 이 책은 한흑구의 제3수필집으로서 유고집과 같은 의미도 지니고 있다.

뼈저리 아저씨

책을 엮으며

　한흑구 선생은 일제강점기에 시·소설·평론·수필·영미문학 번역을 아우른 문학인으로, 특히 한국문학사에 '수필론'을 정초(定礎)하고 그 캄캄한 결빙의 시대를 "단 한 편의 친일문장도 쓰지 않은 영광된 작가"로 헤쳐 나아갔다. 광복 후부터 수필에 주력한 선생은 자신의 수필론을 창작 현장에서 실현하여 「나무」(1946), 「보리」(1954) 같은 '시적(詩的) 수필'의 불후 명작을 남겼다. 하지만 생전에 나온 수필집은 미당 서정주 시인이 주선해서 펴낸 『동해산문(일지사, 1971)』과 『인생산문』(일지사, 1974) 두 권뿐이었다. 비록 그 무욕은 흔들림 없이 명리(名利)를 멀리하고 살아간 선생의 언행일치 인생에 대한 또 하나의 실증이라 하더라도, 몇 년 전부터 한흑구의 삶과 문학을 재조명하는 후학들로서는 안타깝고 아쉬운 마음을 접어두기 어려운 실정이었다. 이에 반 세기도 더 지나간 두 수필집을 먼저 복간하였고(2023, 득수), 이어서 문예지나 신문 등에 산재한 선생의 수필을 찾아내기로 했다.

　그러한 노력을 거쳐 일차 결실로서 50편을 엮어 한흑구 제3수필집·유고집 『버저리 아저씨』를 펴낸다. '일차'란 말은 오래전 납활자로 태어났던 선생의 수필이 여전히 여기저기에 묻혀 있다는 뜻이고, 앞날에 수고의 손길이 더 있어야 한다는 뜻이다.

　『버저리 아저씨』를 1부, 2부로 구성하자는 의견도 있었으나 굳이 분리하지 않기로 하면서 전반부에는 평양이나 미국 유학과 관련된 수필을, 후반부에는 포항의 삶에서 우러난 수필을 거의 시계열에 맞도록 앉혀놓았다.

　평양 안내지도를 그렸다고 평해도 좋을 「모란봉의 봄」이나 첫사랑의 스웨덴계 여대생 '루스 알바'를 회억하는 글에서 만나게 되듯이 전반부의 작품들에는 돌아갈 수 없는 평양과 청춘 시절이 내면의 호수에 잔잔히 물살을 일으키고 후반부의 작품들에는 동해바다, 영일만 갈매기, 수평선, 하늘, 구름, 나무 같은 자연의 체온이 고독한 은둔의 사색을 감싸고 있다.

문학인의 시선은 맨 앞에 놓은 「1936년 11월 중순의 소설가 이광수·이기영·이태준」에 한참 머물 것이다. 미국 유학을 중도하고 평양으로 돌아온 창창한 스물여섯 살의 한흑구가 주도하여 전 조선을 상대로 펴낸, 처음이자 마지막이었던 평양의 문예중심 종합지 『백광』 창간호(1937년 1월)에 실린 글이다. 특히 이광수와 이기영, 그때 우리 소설문학을 떠받친 두 작가의 생활 실태는 마치 고대광실과 초가삼간을 나란히 세운 것처럼 대조적이다. 아직은 친일문학으로 미끄러지지 않은 조선 문단의 대표 작가 이광수, 해체된 KAPF의 대표 작가로서 감옥을 드나들고 《조선일보》에 연재한 장편소설 『고향』으로 문명을 떨친 이기영……. 그러나 그러한 대조적 실태의 전후 맥락과는 또 무관하게 포항의 한흑구가 노년기에 소환해온 일제 때 평양의 '뻐저리 아저씨' 같은 무명 존재도 제대로 만나봐야 못난이처럼 비치는 사람의 떳떳한 긍지와 그를 대하는 참된 겸손에 대하여 새삼 헤아리는 기회를 얻을 수 있겠다.

너무 늦어진 이 수필집을 삼가 한흑구 선생의 영전에 바치며, 이 책에 깃든 이대환 작가와 김도형 작가의 노고를 여기에 적어둔다.

2025년 초여름
한흑구문학기념사업추진위원회

차례

1936년 11월 중순의 소설가 이광수·이기영·이태준 ········ 11
슬펐던 이별 ··· 19
순정(純情)의 학우(學友) 알바 ································ 24
안창호(安昌浩) 씨 가정 방문기 ································ 31
흰구름이 뭉게뭉게 ·· 36
고요 ··· 43
'뻐저리' 아저씨 ··· 47
내가 본 간호원들 ··· 51
연기 ··· 54
영국 문호 버나드 쇼의 풍자 ···································· 59
세상을 돌아가게 하는 건 오직 사랑 ·························· 62
옥수수 ··· 69
모란봉의 봄 ··· 73
칠월의 바다 ··· 77
여름 아침의 동해 ··· 79
애지자를 등용하자 ·· 81
이태리 포플러 ··· 83
낙엽과의 대화 ··· 86
봄이 오면 ··· 90
직관력(直觀力)과 영감(靈感) ···································· 94
흰 목련 ··· 96
충무(忠武)에 보내는 편지 ·· 99
오십천(五十川)을 찾아 ·· 103
미당 형에게 ··· 106
노년이 맞이하는 일 년 ·· 114
봄소식 ··· 118

어시장	120
원고지·담배·술	124
아름다움	127
새봄의 기쁨	130
떡전골목	132
가을 소식	135
파도	139
바다와 시인	141
맑은 공기와 물	143
정월의 눈사람	147
2월의 새싹	152
3월의 아지랑이	156
4월의 꽃향기	160
5월의 신록	165
일손이 바쁜 6월	170
7월의 소나기	174
8월의 반딧불	178
9월의 가을빛	182
10월의 열매	187
11월의 서리	192
12월의 눈바람	197
나는 한 마리 갈매기요	202
신용이 광고다	206
나의 수필론을 겸하여	207
나는 수필을 즐겨 쓴다	214

뻐저리 아저씨

1936년 11월 중순의 소설가 이광수·이기영·이태준[1]

《백광(白光)》의 원고도 모으고 인사도 할 겸 하여 본사 주간 안일성(安日成) 씨와 같이 상경한 것은 11월 12일 오후 3시였다.

약 1주일간을 체경(滯京)하면서 우리가 만나본 인사는 약 50여 명이었다.

혹은 처음으로 만나서 인사한 분도 있고 또는 오래간만에 만나 뵈올 때 여러 가지로 인상 깊은 것이 많았으나 그 모든 것을 다 술회할 수가 없다.

그들 중에서 가장 우울한 수난기에 계신 몇 분만의 순례기를 쓰기로 하고 다른 분들의 순례기는 다음 기회에 쓰기로 한다.

병중에 계신 이광수(李光洙) 씨

11월 13일.

주간 안 씨와 같이 내가 태평통(太平通)의 여관을 나선 때는 아침 9시였다.

11월의 아침치고는 퍽도 온화하고 바람 없는 맑은 날이었다. 할리우드의 오렌지 빛 아침을 연상시키도록 아름다운 아침이었다.

광화문통(光化門通)을 연하여 새로이 지은 부민관의 남성적 얼굴을 우러러보면서 효자정(孝子町) 행 전차를 잡아탔다.

효자정 선(線) 종점에서 전차를 내린 우리들은 복덕방의 신세를 지면서 이광수 씨의 댁을 찾았다.

반세기나 묵은 듯한 돌담장 그 위에는 아이비의 넝쿨이 올라갔고 담장 안으로는 녹아지 나무가 한 나무 서 있다.

　기와지붕을 이고 있는 큰 대문. 기둥 한 편에는 나무문패 위에 검은 글자로써 '李光洙', '許英肅'이라고 씌어 있다.

　대문 안을 들어서니 왼편으로는 행랑집이 한 채 따로 있고, 바른편으로는 녹아지 나무가 서 있는 곳으로는 작은 골목이 담장 안에 있는 제2의 대문으로 인도되고 있다.

　제2의 대문을 들어서니 빛 낡은 기와집이 네모난 마당을 가운데로 입 구(口) 자로 앉아 있다.

　아마 남면(南面)으로 된 긴 방 앞에 마루가 놓인 것을 보아 그 방이 선생의 방인 듯하였다.

　그곳을 향하여 "이 선생님 안에 계십니까?" 하고 불렀다.

　아무 대답이 없더니 조금 후에 나이 20 내외가 되어 보이는 사나이가 나왔다.

　"선생님은 병중에 계신데 어디서 왔습니까?"

　"병중예요! 무슨 병인가요?"

　천만뜻밖임에 놀랐다.

　"가슴이 아프시다고 하십니다. 매우 위중합니다."

　그는 한 손을 바른편 가슴에 갖다 대면서 말하였다.

　한참 서서 방을 향하여 들여다볼 뿐 안 씨와 나는 할 말이 없었다.

　꽉꽉 닫혀 있는 문들은 군데군데 구멍이 뚫려 있고 마루 밑에는 현대여성의 구두 한 켤레, 여인의 흰 고무 구두 한 켤레 등이 놓여 있을 뿐 퍽도 쓸쓸하였다.

　평양에서 일부러 만나 뵈러 왔었으나 할 수 없다고 생각하고 우리는 명함 두 장을 그 사나이에게 전해 달라고 주고서 밖으로 나오고 말았다.

　"부인도 안 계시는데 퍽도 고생하시겠군!"

　이렇게 생각하면서 밖으로 나올 때에 일종의 우울을 느끼지 않을 수 없었다.

이틀 후.

우리는 다시 이광수 선생을 찾아갔다. 행여나 좀 차도가 계실까 하여.

그러나 '선생은 병이 더하여 세브란스 병원 110호실에 입원하셨습니다.' 하는 말을 듣고 또다시 놀라지 않을 수 없었다.

전차로 세브란스 병원을 찾아 병상에 누우신 선생의 병실에 찾아간 때는 오전 11시였다.

조그만 병실 안으로 인도되어 들어가니 자주빛 두루마기를 입은 젊은 여자 한 사람이 혼자 앉아서 간호를 하고 있었다. 아마 선생의 친척 되는 이인 듯하였다.

병상 위에 누우신 선생의 얼굴에는 창백한 색과 연분홍색이 부조(不調)스럽게 나타나 있었다.

그 광채 많던 노란 눈동자에 어렴풋한 빛이 띠어 옆에 서있는 우리들을 바라다보시며

"집으로 찾아오신 것을 만나 뵙지 못해서 미안합니다."

이 한마디를 세 번 숨을 쉬면서 숨차신 어조로써 말씀하실 때 전에 조선일보사 부사장실에서 선생을 만났던 생각이 오랜 옛날의 일인 듯이 연상되었다.

무엇이라고 위로의 말씀을 드릴 수 있을까! 다만 쓸쓸한 눈으로 그의 숨차 하시는 모양을 내려다볼 뿐이었다.

"언제나……다시……붓을…들어…글을……써 볼지요……."

이런 말씀을 숨이 차서 하시는 것을 들을 때에……선생의 병이 얼마나 중하신 것과 선생의 마음이 약하여지지나 않으셨나 염려하지 않을 수 없었다.

약 10분 후에 '속히 쾌차하시기를' 빌고 병원을 나왔다.

하루 종일 선생의 재발하신 중병이 염려되어서 퍽도 울적하였다.

빈곤의 이기영(李箕永) 씨

효자정(孝子町) 이기영 씨를 찾아간 것은 역시 11월 13일 정오였다.

이곳저곳 물어서 겨우 그의 집을 찾았으나 우리는 밖에 서서 뜻하지 않았던 씨의 집 풍경에 발을 멈추고 섰지 않을 수 없었다.

과부의 머리채같이 흐트러진 초가지붕,

나무 상자를 뜯어서 막은 담,

한 키도 채 못 되는 널빤지의 문(대문이라기보다는),

조그만 나무쪽의 문패에 작게 쓴 글씨. 주소까지 쓰기에는 문패가 너무나 작았음인지 따로 종이 조각에다 주소를 써서 옆에 붙였다.

문 너머로 들여다보이는 작은 마루, 마루와 문과의 간격은 아마 두 자(尺) 내외인 듯.

말할 수 없는 감회를 안고 고개를 기웃기웃 옆에를 보니 부엌(廚房)이라고 따로 없고 솥도 걸리지 않은 함실이 들여다보였다. 실로 말할 수 없는 어떤 슬픔을 안고 무대 위에 지어놓은 듯한 이 집의 주인, 소설의 대가 이 선생을 불렀다.

조금 후에

"누구신지요!"

하시며 민촌(民村) 기영(箕永) 씨의 얼굴과 작은 체구가 방문을 여시고 나섰다.

"평양서 잠깐 뵈려고 왔습니다."

"들어오시지요."

우리는 작은 방문을 머리를 수그리고 들어가 앉았다.

서울의 한칸방이라 참으로 좁은 방이었다. 게딱지 같은 방이라는 형용사를 연상하리만큼 좁고 네모난 방안에 한편쪽에는 궤가 놓였고 아랫목에는 앓고 누운 아이가 숨차 하고 있었다.

잠깐 시선을 둘렀으나 책 한 권이 보이지 않고 다만 벽 위에 새로 지은 듯한 양복이 한 벌 걸려 있었다.

　우리는 명함을 꺼내어 잠깐 머리를 숙여 인사를 한 후

　"부인께서 맹장염 수술을 하셨다는 소문을 들었는데 쾌차하셨나요?"

　"아직 병원에 다닙니다. 아들애가 또 병중에 있어서 오랫동안 앓고 있습니다."

　씨는 다만 머리를 아래로 향하고 앉아서 낮은 목소리로 대답하시었다.

　"청한 원고는 다 되셨습니까?"

　"지금은 도저히 쓸 수가 없습니다마는……얼마 전에 써서 XX사에 가져갔던 것을 찾아다 드릴까고 생각합니다."

　그는 고개를 숙이고 이곳을 향한 채 이따금씩 앓고 누워 있는 어린 아들의 머리 위로 손을 가져가서 한 번씩 짚어보곤 하셨다.

　나는 곁눈으로 그 아이의 얼굴을 보았다.

　아이의 얼굴은 파리하고 눈은 아무 힘이 없이 반개(半開)하고 있었다. 나의 눈에 비친 그 아이는 금시에 절명(絶命)을 고(告)할 듯한 상태에 있었다.

　이 때문에 씨가 이따금씩 고개는 돌리지 않으시고 손으로 그 아이의 이마를 짚어보는 것이나 아닌가 하고 생각하였다.

　씨를 처음으로 만나 뵈었지마는 참으로 비참한 인상과 같이 그를 만나게 된 것을 슬퍼하였다.

　'조선의 대가 이기영 씨의 생활상을 아는 이가 몇일까!'

　이렇게 생각될 때 나는 무엇이라고 세상에 향하여 부르짖고 싶은 격동을 받지 않을 수 없었다.

　그러나 나는 그의 날카로운 코를 유심히 바라다보았다.

　벗겨진 이마며 작은 얼굴 위에 다만 그 날카로운 코를 바라다볼 때에 적이 안심되었다.

　그의 지금까지의 이룬 문학의 공적도 그 코의 힘이며 앞날에 더욱더 싸워나갈 힘을 말하여 주는 것도 그의 코라고 생각하였다.

빈곤과 우울에 싸여 있는 이 작은 방의 '앳모스피어 atmosphere, 분위기'를 떠나 나올 때에 나는 이렇게 발작적으로 말하였다.

"누가 조선에서 소설을 쓸까? 불행한 우리다!"

이런 생각을 하면서 전찻길까지 나왔다.

그러나 나의 생각은 반동적(反動的)으로 다시 외쳐 나왔다.

"그러기에 조선에는 소설가가 더욱 필요하다. 좀 더 깊고 날카롭게 우리의 현실을 뒤지고 이 땅의 인간의 고민을 그려내야 한다."

한낱 감상적으로 흘러나온 느낌은 아니었다.

씨의 『고향』이 이것을 말하지 않는가! 나는 더욱 씨를 존경하는 마음을 버릴 수 없었다.

나의 예감이라는 것이 얄미운 것이지마는 이튿날 아침에 씨로부터 그의 처남 되시는 이가 소설원고를 가지고 우리의 여관을 찾아왔다.

"기영 씨의 아들은 어제 3시 15분에 절명하였습니다. 당자가 아닌 나로서도 말씀드리기는 어렵지마는…… 원고료의 얼마라도 선불하여 주시면……. 장비(葬費)가 없어서 아직까지 장례를 치르지 못하였습니다."

이런 뜻으로 말하였다.

돈을 부쳐 오기로 하고 급시(急時)에 상경하였기 때문에 돈이 수중에 많지 못하였다.

"많이 드리지 못하여서 미안합니다. 이것이라도 먼저 갖다 장비에 보태시오."

주간 안 씨가 돈 한 장을 꺼내어 주었다.

"매우 감사합니다. 그러면 장례를 치르겠습니다."

하고 돌아갔다.

둘이는 말없이 앉아 창문만 바라다보고 있었다.

상심루(賞心樓) 속에 이태준(李泰俊) 씨

성북동 왼 꼭대기.

닭들을 치고 있는 집 다음 집에는 보기 좋게 새로이 쌓은 긴 담장이 서있다.

안으로는 동편에 초가삼간이 서 있고 서편으로 떨어져 상심루(賞心樓)라는 현판이 붙어있는 초가의 새로 지은 작은 누정(樓亭)이 있다.

대문 안을 들어서서 선생님이 계신가고 불렀더니 씨의 아내인 듯한 젊은 부인이 나오셨다.

명함을 드리고 평양서 찾아왔노라고 말하였다.

"십여 일 전부터 병석에 누우셨는데 매우 거북해 하십니다. 들어가서 말씀은 드려 보겠습니다."

부인은 명함을 받아서 들고 상심루로 들어가셨다.

도토리나무인 듯한 기둥으로써 지은 상심루의 처마 끝에서는 땡그렁 풍경소리가 외로이 울려왔다.

뜰 안에는 산에서 가져온 듯한 여러 가지 울뚝불뚝한 돌들이 이곳저곳 쌓여있고 시들었으나 꽃나무인 듯한 색색의 푸성귀가 화원에 싸여 있다.

얼마 후에 부인이 나오시더니

"매우 미안하올시다. 의사가 면회사절을 하라는 것을 어제 어떤 친구가 와서 잠깐 말씀하셨더니 그로해서 열이 많이 더 오르셨다고 합니다. 먼 데서 모처럼 찾아오셨는데 못 뵈어서 매우 미안하시다고 말씀드려 달라고……."

"그러겠습니다. 참 안되었습니다. 우리는 병중이신 줄 몰랐습니다. 무슨 병으로 누우셨는지요……."

"폐렴인 듯합니다."

"속히 쾌차하시기를 빕니다."

빈곤한 문사(文士), 병 많은 문사…… 이렇게 탄(歎)하면서 우리는 성북동의 굽은 골짜기 길을 내려왔다.

《백광(白光)》 창간호, 1937년 1월

---

1) 《백광(白光)》 창간호에 실린 이 글의 원제는 「名士巡禮記」이며, '배성룡 씨'를 포함한 4인의 근황을 소개한 것인데, 여기서는 '배성룡 씨'를 빼놓았다. 필자는 '검갈매기'로 표기돼 있다.

슬펐던 이별

나에게 슬펐던 이별에 대하여 써달라는 원고 주문은 흡사히도 나의 과거생활을 꿰뚫는 듯이 아는 것과도 같다.

참으로 과거 삼십 년의 나의 생활에는 이별이 많았고 또한 만남도 많았다. 그것은 내가 17세 이후부터 객지생활을 하게 되고 더욱이 바다 밖에 가서 5, 6년을 지나다 왔기 때문이다.

이러한 나의 과거생활 위에 겹치고 있는 이별에 대한 무수한 추억은 모두 정도의 차이는 있었으나 슬프지 않은 것이 없었다.

그러나 사람의 가슴속이라는 것은(만일 가슴속으로 슬픔과 기쁨을 느낀다면) 자라나는 풀밭과 같아서 슬픔의 갈(베어내는 것)을 지나면 다시 또 그 위에 풀이 자라나는 것과 같다.

그러나 한 번씩 슬픔의 갈을 당하고 다시 풀이 돋아날 때에는 반드시 작고 혹 큰 매듭 혹은 마디의 흔적이 남아있을 것이다.

이제 내가 지나친 과거의 슬펐던 이별에 대하여 몇 가지 다시 회상하여 본다.

어머님과 아버님

나의 아버님은 내가 일곱 살 때에 상해를 거쳐서 미국으로 갔었다.

너무도 어린 때의 일이라 그때의 기억이 없으나 다만 눈 오는 날 저녁 어머님이 저녁도 하시지 않고 방안에 앉으셔서 우시는 것을 본 기억이 있을 뿐이다.

"너희 아버지는 미국으로 가시었단다."

세 번 네 번 나에게 이런 말을 하면서 나에게 동정을 구하는 듯하던 어머님의 슬픈 마음을 오늘에 와서야 얼마큼 깨달았다.

그 후 내가 자라서 보통학교를 졸업하고 중학을 거쳐 서울 보성전문에서 공부하다가 나는 미국으로 유학을 가게 되었다.

그것은 내가 스물한 살 나던 해의 겨울이었다.

이때에 나는 어린 손아래 누이동생과 홀로 계신 어머님을 떠나가야 하게 되었다.

외아들인 나를 멀리 미국으로 공부를 보낸다는 것은 어머님으로서는 하기 어려운 일이었다.

"너희 아버님이 미국에 계시니 가서 만나볼 겸 가거라. 그렇지 않으면 나는 너를 보낼 수 없을 것이다."

아버님이 미국에 계신 관계로 나는 어머님의 허락을 받아서 그를 떠나갔었다.

50의 중턱에 계신 어머님을 작별하던 나의 떠남의 슬픔은 말할 수 없었다.

눈 오던 추운 겨울밤 기차에 몸을 태우고 평양역을 떠나 황주까지 올 때까지 나는 차 안에 들어가지 못하고 고향의 하늘을 우러러보면서 바깥 난간에 서서 가던 생각이 지금도 기억된다.

어머님은 전송 나왔던 30여 동무들의 호위로 겨우 집에까지 우시면서 돌아와서 그날 밤을 울음으로 앉아서 새우셨다는 말을 후에 들었다.

그 이튿날은 어머님이 한 번 더 떠나기 전에 나를 보겠다고 서울로 쫓아 올라오시겠다는 것을 동무들이 겨우 만류하였다고 한다.

세상에 있어 가장 슬픈 이별은 애인과의 이별, 동지와의 이별보다도 어머님과의 이별이라고 나는 생각하였다.

그것은 어머님과 자식과의 서로의 살과 피와 뼈를 둘로 나누어가는 것과도 같은 슬픔이기 때문이다.

그 후에 미국으로 건너가서 13년 만에 아버님을 만나고 또 어머님이 병드시었으니 곧 귀국하라는 전보를 받고 아버님을 외국에 두고 다시 떠나온 것이든지 모두가 슬픈 일이었다.

병보를 받고 귀국한 지 1년 반에 병든 어머님은 작년 겨울에 나를 영영 떠나가고 말았다.

애정 많으시던 어머님, 홀로 계시던 어머님을 영원히 잃어버리던 나의 가슴은 말할 수 없이 쓰라리었다.

한 번도 어머님께 아들로서의 기쁨을 드리지 못한 오늘에 그처럼 어머님이 돌아가신 것은 나의 일생을 두고 잊지 못할 슬픈 기억이 되고 말았다.

'외아들은 죄인이다.'

노부모를 모셔야 하고 언제나 외롭고 부자유한 존재는 외아들 된 사람이고 그는 마치 죄나 진 사람처럼 인생의 외로움과 슬픔을 누구보다도 더 가져야 하는 운명에 처하여 있다고 생각하였다.

알바

내가 N대학 영문과에서 공부하고 있을 때에 나를 늘 벗해주고 가까이 해주던 알바라는 여학생이 같은 학년에 있었다.

처음에는 한낱 동정에서(객지에서 외롭겠다는) 출발한 그의 우정은 날이 갈수록 깊어가고 가까워갔다.

그는 서전(瑞典, 스웨덴) 나라의 피를 받아 난 황금색 머리카락과 하늘색 푸른 눈동자를 소유한 미모의 처녀였다.

그의 아버지는 미시간주 어떤 작은 촌에서 목사 일을 보았고 그의 어머님은 음악학교를 나와서 노래를 잘한다는 말을 그에게서 들어 알았었다.

여름방학마다 그는 나를 데리고 미시간 자기의 집으로 놀러가려고 하였으나 고학을 하고 있던 나는 한 번도 그의 집에를 갈 기회가 없었다.

그는 늘 말하였다.

"나도 당신이 조선에 돌아갈 때에는 일본으로 조선으로 중국으로 같이 여행하려고 생각해요."

"꼭 나를 데리고 가주세요?"

한심한 조선에 무엇을 구경하러 그가 올까 하는 것보다도 그의 말하는 뜻에는 내가 대답하기 힘든 의미가 포함되어 있었을 것이었다.

그러나 그는 N대학을 졸업하기도 전에 자기의 부모를 따라 북쪽나라 서전으로 돌아가고 말았다. 그것은 그의 조부 되는 사람이 세상을 떠나고 그들에게 많은 유산을 물려주었던 때문이었다.

여자에게 대한 애정이나 연애라는 것을 도무지 감촉해보지 못한 나는 그가 그처럼 나를 떠나간 후에야 나는 비로소 여자에 대한 사랑이 어떠하다는 것을 느끼게 되었다.

그러나 그때는 이미 그가 나의 눈앞을 떠나서 멀리 눈 내리는 북쪽나라 서전에 가 있었고 나도 첫사랑의 불행이라는 것을 체험해 보았다.

그를 떠나보내던 그때는 나는 슬픈 것도 아무것도 모르리만큼 무경험한 사나이였다.

"나에게 할 말이 없으셔요?"

이러한 말을 나에게 하고는 눈을 깜박깜박하다가 긴 실눈썹을 아래로 덮고 가만히 미소하며 낯을 붉히던 그때의 그의 모양을 나는 알지 못하였다.

"살아 있으면 어느 때나 이 지구 위에서 다시 만날 때가 있겠지요."

"이 세상 어느 코너에 우리가 처해 있든지 우리는 늘 서로 생각합시다."

떠남의 말을 어떻게 하였으면 좋을까 하고 엄숙한 말만을 생각해내느라고 애쓰고 서있던 나의 뺨 위에 그는 얼핏 그의 입술을 대었다 가져갔었다.

그것이 나로 하여금 그를 떠나보낸 이후에 늘 그를 생각하게 되고 그와 같이 놀던 모든 일을 재삼 캐어보게 하곤 하였다.

실로 사나이라는 것은 자기의 경험이 없는 일에는 참으로 어리석고 바보라는 것을 그때 나는 깨닫게 되었다.

지금도 그의 생각을 하고는 나 혼자 어리석던 생각을 하고 웃음 짓게 된다.

김 군

시카고에서 공부할 때 가깝던 조선 친구로서 김이라는 나보다 두어 살 위에 되는 친구가 있었다.

내가 그를 친근히 하는 이유는 여러 가지가 되나 무엇보다도 그의 열정이었다. 그는 시도 쓰고 언재가 있어서 연설도 꽤 잘하였다.

본래 그의 고향이 함경북도 북청이라는 곳인 만큼 그도 함경도의 특유한 열정적 대륙적 성격을 갖고 있는 사람이었다.

이러한 그는 어떤 사상단체에 관계한다는 이유로 미국정부에서 축출명령을 받게 되었었다.

40일 내로 미국을 떠나라는 명령을 받고 이곳저곳으로 러시아로 갈 여비를 주선하러 다니며 애쓰다가 필경 그의 뜻대로 러시아로 건너가게 되었다.

그와 나와의 사상적 공통점은 없었다고 하여도 형제와 같이 친하였던 그가 억울하게도 축출명령을 받고 표연히 떠나가게 된 것은 슬프다기보다도 눈알이 쓰라리었다.

아무 주선력도 항의도 할 수 없는 우리들의 처지가 생각났던 때문이었다.

이별에 있어서 슬프지 않은 이별이 어디 있으랴마는 사나이의 동무로서 그를 이별할 때에 나의 슬픔이 더하였던 것이 지금도 생각난다.

《부인공론》 1937년 7월호

순정(純情)의 학우(學友) 알바

1

사람이 세상에 태어나서 한평생을 살아가는 동안에 우리는 수없이 많은 사람과 상대하게 된다. 지위가 높은 사람, 학식이 많은 사람, 재능이 뛰어난 사람들을 대할 때에는 우리는 선모(羨慕)의 정을 느끼기도 한다. 또한 그들의 가르침에서 우리는 하나의 높은 인격을 쌓아 올리는 계기도 갖게 된다. 내가 어려서 다니던 국민학교의 교가에는 이런 구절이 있었다.

…… 지덕체 배양하야 …….

지위가 높은 사람이거니와 지능이 훌륭한 사람이라 할지라도 덕을 겸비하지 않으면 완벽한 인간성을 발휘할 수 없을 것이다. 지능이 천박한 사람일지라도 덕을 베푸는 데 후한 사람을 대할 수도 있다. 덕은 지능으로만 베푸는 것이 아니고, 정으로써 인간이 타고난 본능적인 인정으로써 베풀기 때문이다. 이러한 본능적인 순정으로 얽어진 인정은 사람들 사이에 영원한 우정으로 남아서 일생동안 잊히지 않는 것이다.

내가 젊었을 때 미국에 가서 대학생활을 하던 중에 얽어진 잊을 수 없는 한 여학생과의 우정을 지금 다시 되새겨서 적어보고 싶다. 잊을 수 없는 이 여학생의 이름은 루스 알바(Ruth Alva)였고, 나의 생활과 나의 성격을 길러가는 데 중요한 인정(人情)적 요소를 심어주었다.

2

 1929년 9월, 나는 시카고시 북부 변두리에 있는 노스파크대학 영문학과에 입학하였다. 그때 나의 나이는 스무 살이었다. 이 대학은 신학대학을 합해서 학생의 수는 천 명쯤 되는 작은 학교였으나 스웨덴(瑞典)에서 이민 온 사람들이 세운 특색 있는 학교였다. 당시 시카고의 한인 실업가였던 김경(金慶) 씨의 소개로 나는 학비 면제의 스칼라십을 얻을 수 있었다.

 그때 나는 스웨덴에 대한 지식은 별로 갖고 있지 않았다. 스웨덴은 스칸디나비아반도에 있는 삼국의 하나라는 것과 북구의 문화국의 하나요 노벨상을 주는 나라라는 것쯤 알고 있었을 뿐이었다. 내가 학교에 통학하면서부터 곧 알 수 있었던 것은 스웨덴 사람들의 이름들—즉 성(姓)들이 슨(Son)으로 끝맺는 것이 대부분이라는 것이다. 말하자면 학장의 성도 Olson이었고, 교수와 학생들의 성도 Johnson, Peterson, Nelson, Jacobson, Anderson, Dowson, Harrison 등등 거의가 슨(Son)자 돌림이었다.

 또 하나 스웨덴 사람들의 특징은 남녀가 다 키가 크고 머리가 금발(Blonde)이고, 눈의 청공색(Sky Blue)의 벽안(碧眼)이고, 피부색이 우윳빛(Milk White) 같이 흰 것이었다. 적도에서 먼 북방에 사는 사람들의 특징이지만, 북구인이 서구인보다 키가 크고 피부색이 흰 것은 북경인이나 만주인이 광동인(廣東人)이나 남양인(南洋人)보다 크고 흰 것과 같다.

 체격이 크고 깨끗하고 명랑한 남녀 학생들이 아담한 캠퍼스 안을 거닐면서 서로 손을 흔들며 아침 인사를 나누는 것은 나에게 저윽이 위로가 되어서 집 생각을 잊을 수도 있었다. 아침에 간혹 올슨 학장을 만나게 되면 나는 한 손으로 모자를 벗고 머리를 숙여서 인사를 드리곤 하였다.

 그는 동양사람들의 예의법을 알지 못하였기 때문에 그도 나와 같은 모양으로 모자를 벗고 머리를 숙여 답례를 해주었다. 그가 인사를 받고 지나칠 때마다 나는 나의 아버지를 대하는 듯한 기분으로 흐뭇하게 웃음을 지었다. 이렇게 명랑한 분위기 속에서 나는 희망차게 열심히 공부도 하고 김경 씨의 식당에서 시간 일도 하였다.

5월이 되자 미국에도 봄이 오고 있었다. 도서관에 앉아서 공부에 몰두하고 있던 나는 문득 풀내음이 스며드는 창밖을 내다보았다. 나는 처음으로 맞아보는 미국의 봄이 반갑고 즐겁고 황홀하였다. 작은 시냇가 복판을 흘러내리는 캠퍼스 안의 잔디 위에는 여기저기 수를 놓은 듯이 하얀 클로버의 꽃 뭉텅이와 노오란 민들레들이 피어 있었다. 시냇가 좌우에 서 있는 늙은 수양버들도 어느새 단오를 맞은 처녀들의 머리 모양으로 줄줄이 늘어져 한들거렸다.

이렇게 소리 없이 오는 봄을 미처 볼 정신도 없이 공부에만 몰두하고 있었던 나였다. 나는 노트 한 장을 찢어서 고향의 친구에게 편지를 쓰기 시작했다. 미국의 봄도 고향의 봄이나 조금도 다름이 없고, 클로버, 민들레, 수양버들도 우리가 다니던 숭실중학의 캠퍼스에서 보던 것과 다름이 없다고. 로버트 번스(Robert Burns)가 노래한 수선화가 피는 영국의 봄도 또한 우리의 고향의 봄과 다름이 없을 것이라고. 지구 위에 있는 땅을 동서로 갈라서 이름을 지었으나 땅 위에 자라는 수목들은 조금도 다름이 없고 다만 사람들의 겉 피부가 다르고 언어가 다르고 풍속이 다를 뿐이라고. 시카고에는 400여만 명의 인구가 살고 있지만 나는 아직 혼자서 살고 있는 것 같은 외로움을 참기가 어렵다고.

여기까지 쓰고 나는 또 창밖을 내다보았다. 멀리 다운타운 번화가에 우뚝우뚝 서 있는 높은 빌딩들을 바라볼 때 나는 몇만 리 밖 이국에서 외로운 객이 되어있는 것을 또다시 깨닫게 되었다.

고향, 집, 부모, 형제, 친구…….

이런 생각이 줄을 이어 떠올라서 나는 정신 없는 사람같이 멍하니 앉아 있었다.

"미스터 한!"

누가 부르는 소리에 나는 깜짝 놀라서 고개를 돌렸다. 그 목소리와 같이 부드러운 얼굴의 여학생이 유달리 큰 두 눈에 미소를 머금고 나를 바라보고 서 있는 것이었다. 나는 어쩔 줄 모르고 곧 일어서서 그에게 의자를 권하였다. 그는 나를 먼저 앉으라고 권하면서 그도 자리에 앉았다.

"미스터 한은 한국에서 온 학생이라는 것을 학보를 통해서 알았지만 저의 이름은 모르지요? 전 루스 알바라고 해요."

그는 미소를 지으면서 하얀 손을 내밀었다.

"알게 되어서 고맙습니다."

나도 미소를 지으면서 선뜻 그의 손을 잡았으나 가슴속이 이상하게도 서먹거려서 곧 놓고 말았다. 나이 스무 살에 여자의 손, 더구나 처녀의 손, 또한 외국여자의 손을 처음으로 잡아보았기 때문이었다. 어색한 표정을 짓고 있는 나를 보고 그는 타이르듯이 부드럽게 말했다.

"미스터 한은 객지에 오시니 외로우시지요? 아까부터 미스터 한이 앉아 있는 모양을 유심히 바라보고 있었는데 퍽 외로워하는 것 같아요. 고향 생각이 나죠? 네?"

처음엔 무어라고 대답해야 좋을지 알 수가 없었다. 그러나 솔직하게 "그렇습니다. 고향 생각도 나고 외롭기도 해요."라고 대답하면서 마치 내가 정글 속에서 혼자 살다가 돌아온 타잔과 같은 느낌을 가져보기도 하였다. 그는 곧 나의 대답을 듣고 나자 이렇게 나를 위로하였다.

"우리 미국은 자유와 평등을 숭상하는 나라이지요. 고하(高下)가 없고 귀천이 없고 노소가 없이 남녀가 다 함께 자유를 즐길 수 있고 즐기고 있는 것이 우리 미국이에요. 링컨 대통령의 자유, 박애, 평등의 정신으로 우리 인류는 형제같이 살아야 해요. 오늘부터 제가 미스터 한의 친구가 되어줄 테니 조금도 외로워하지 말아요. 향수병에 걸리면 안 돼요."

그는 파아란 가을하늘같이 빛나는 두 눈으로 나의 얼굴을 두리번두리번 살펴가면서 조심스럽게 그리고 정답게 얘기했다. 나는 난생처음으로 내가 아닌 다른 사람, 더구나 서양여성으로부터 따뜻하고 부드러운 순정의 얘기를 가슴속으로 새기는 듯이 고맙게 들었다.

내가 이국에 가서 난처한 때에 처해 있었기 때문이었는지는 모르나, 그의 순(純)스럽고 정다운 얘기는 일찍이 부모님이나 선생님에게서도 들어보지 못한 것이었다.

"고맙습니다, 미스 알바. 저를 친구로 대해주시겠다니 얼마나 기쁜지 모르겠습니다."

나는 비로소 기쁨의 웃음과 함께 힘있게 대답을 하였다.

"그렇지요. 우리는 항상 웃으면서 살아야 해요. 미국 속담에 이런 말이 있지요. '울고 싶거든 울어라! 너, 혼자만이 울 것이다. 웃고 싶거든 웃어라! 백만인이 다함께 너와 웃어줄 것이다.' 이와 같이 미국인은 모두 낙관주의자예요. 울어도 안 되고 슬퍼해도 안 돼요. 비관주의는 미국에서 용납하지 않아요."

그는 나의 웃음을 보고 어린애를 달래는 것 같이 기뻤던지 미국인의 낙관주의론을 나에게 펴주었다. 나면서부터 나라를 잃었던 나로서는 낙관주의가 무엇인지 생각조차 못해보고 살아온 터였다. 그러나 나는 알바에게서 비로소 낙관주의 관념을 가질 수 있었고 나의 젊음과 같은 강렬한 적극성을 파악할 수도 있었다.

"절대로 나는 비관주의자가 아니에요. 더구나 오늘 미스 알바와 같은 낙관주의의 친구를 만나게 된 것을 고맙게 생각해요."

"좋아요. 그럼 내일부터 하학 후엔 도서관에서 만나도록 해요. 미스터 한."

그는 파란 두 눈을 크게 뜨고 웃으면서 손을 내밀었다.

"고맙습니다. 미스 알바."

따뜻한 그의 손을 마주잡고 웃으면서 인사를 나눴다.

4

그 후부터 나는 자주 도서관에서 알바를 만났고, 알바는 내가 밤을 새워가면서 쓴 영문 시를 모두 고쳐주었다. 그중 잘 되었다고 생각되는 두 편을 문학형식론을 가르치는 넬슨 교수에게 보였더니 그는 곧 학보에 실어주었다. 나의 이름과 내가 쓴 시가 영문으로 인쇄된 것을 처음으로 바라볼 때에 나는 얼마나 기쁘고 좋았던지 잠을 이루지 못할 지경이었다.

그것보다도 알바는 물론이고, 학보 문예부의 여학생 기자들까지도 나를 큰 시인인 것 같이 대우하고 또한 격려하였다. 나는 용기를 얻어서 밤을 새우면서 영미 시인들의 시를 공부하였다. 그리고 계속해서 학보에 수십 편의 시를 발표하였다.

이렇게 해서 일 년이 지나고 다음 해 새 학기가 되어서도 가끔 학보에 시를 발표하였다. 그러던 중 어떤 날 학장님이 나를 부르신다고 넬슨 교수가 일러주어서 학장님을 만나 뵙게 되었다.

"한 군은 시인이셔……."

그는 진지한 태도로 이렇게 한마디하고 한참 나를 바라다보고는

"앞으로 더욱 많은 시를 쓰게. 우리 학교의 이름으로 출판을 해줄 터이니."

하고 나의 어깨를 두드려주실 것 같은 자세를 하다가 그냥 한번 웃어 보였다.

"참으로 감사합니다, 학장님."

나는 참으로 고마워서 머리를 숙여 이렇게 대답하였다.

"응, 그런데 한 군은 예의가 아주 밝아. 인사할 때마다 꼭 모자를 벗고 머리를 숙이고. 미국에 왔지만 미국애들은 닮지 말아요. 한국 예의의 표준을 우리애들에게 좀 보여주어요."

그는 역시 진지한 태도로 말씀하셨다.

"학장님, 웃어른에겐 모자를 벗고 머리를 숙이고 인사를 하지만, 웃어른이신 학장님은 아랫사람인 저에게 그냥 모자를 쓰신 채 응 하고 대꾸만 하시면 됩니다."

나는 웃으면서 장유유서(長幼有序)를 말씀드렸다.

"그건 안 되지. 노소 간에 사람은 다 같은데, 예의도 똑같이 지켜야지."

학장님의 이러한 말씀을 들었을 때 나는 민주주의가 무엇인가를 깨달았다.

5

학장님의 추천으로 35명 정원으로 되어있는 페가수스 클럽(Pegasus Club, 詩神 클럽)에 가입되었고, 내가 쓴 영시 8편이 시집에 들어가기도 하였다. 옛날의 학창시대에 있었던 하나의 에피소드를 적어보는 것은 사람과 사람 사이에 하나의 순(純)스러운 인정이라는 것이 얼마나 아름답고 힘이 되었는가 하는 것을 다시금 되새겨 보기 위함이다.

내가 동부로 가게 되어서 템플대학교에 전학하였을 때에도 알바 양은 늘 편지로 나를 위로해주었고 꼭 시인이 되어달라고 격려해주었다. 내가 귀국하였을 때에도 잊지 않고 편지가 오고 갔다. 그러나 대동아전쟁이라는 부질없는 싸움 때문에 나와의 순정을 나눌 수 있는 알바를 잃어버리고 말았다.

그러나 나는 나라를 되찾게 되었고, 잊을 수 없는 알바 양에게선 영원한 인정의 아름다운 인간상을 찾았다. 그도 지금은 육순이 넘었을 것이니 어린 손자들을 거느린 할머니가 되었을 것이요, 혹은 나보다도 먼저 타계로 갔을지도 알 수가 없는 것이다. 자못 내가 사는 날까지 나는 그의 순정어린 인간상을 잊을 수 없고 인정만이 인간 본연의 자세를 찾는 길이라는 것을 재삼 느껴볼 뿐이다.

달나라, 별나라로 가려는 지혜보다도, 남을 누르고 넘어뜨리는 힘보다도, 굶어서 죽어가는 사람들을 구해낼 수 있는 인정이 더욱 아쉬운 세상이다.

《신동아》 1975년 2월호

안창호(安昌浩) 씨 가정 방문기

(전략) [1)]

성경에서만 읽을 수 있던 무화과나무들이 거의 집집마다 뒤뜰에 하나씩 서있는 것을 보고서 성지를 거니는 듯한 감회를 느껴도 보았다.

아침마다 뒤뜰에 나가서 무화과나무 위에 새까맣게 익은 무화과를 따서 그 자리로 두서너 개씩 맛나게 먹을 때 열매를 맺지 못한 무화과나무를 저주하시고 책하시어 도끼로 찍어서 불에 던지라던 예수의 말씀을 연상도 해보았다.

저녁마다 이 도시는 태평양으로부터 불어오는 안개가 자욱이 소리 없이 끼는 것이 보통이었다.

    안개가 내린다.
    소리 없이 내린다.
    고양이 발꿈치같이
    소리 없이 안개가 내린다.

이러한 칼 샌드버그의 시도 생각하고 시인 소설가들이 집거(集居)하는 영국의 수도 런던의 안개도 연상하여 보았다.

'귤(橘)빛색 태양'이라는 칭(稱)을 듣는 캘리포니아 태양이 붉은 얼굴로 야자수의 높은 머리 위로 나타나는 것이라든지 안개 속에 얼굴을 면사포로나 가린 듯이 은근히 떠있는 만월이라든지 사시(四時) 피는 뜰에 꽃나무들이 얼마나 사랑스러웠는지.

이러한 로 시(市)²⁾를 떠날 수 없어서 6개월이나 거의 세월 가는 줄도 모르고 머물러 있었다.

안 씨의 가족을 소개하라는데 먼저 그들이 있는 로 시(市)가 회상되었고 로 시(市)의 남국적 정서가 추억되어서 로 시(市)의 이야기부터 이렇게 길게 쓰지 않을 수 없다.

그런데 내가 처음으로 시카고를 떠나서 로 시(市)로 갔을 때 마중 나온 친구는 나를 안 부인의 댁으로 인도하였다.

그것은 안 부인이 나를 위하여 손수 저녁을 준비해 놓으신 때문이었다.

그 후에 들으니 안 부인은 이 도시를 오고 가는 손님들을 늘 좋은 음식으로써 대접하시는 것을 알았다.

이날 저녁 처음으로 안 부인을 대하였으나 몸이 좀 부하시고 침착하신 태도는 오랫동안 객지에서 거칠어진 나의 맘을 나의 어머님이나 대하게 되는 듯 친절히 하시어 주었고 반갑게 하시어 주었다.

금년에는 아마 안 부인께서 56세가 되시나 보다.

그러나 그는 건강하시다. 3남 2녀나 되는 자식들을 혼자서 키우시기에 얼마나 노고하시었을까.

안 씨의 자녀를 잠깐 소개하면

장남 되는 '필립' 군은 금년에 31세가 되고 차남인 '필선' 군은 24세, 3남인 '필영' 군은 11세가 된다.

장녀인 '수산' 양은 28세이며 차녀인 '수라' 양은 금년에 26세가 된다.

이들은 다 장성할 대로 장성한 신사요 숙녀이다.

장남 필립 군은 언변에 재간이 있고 또한 연예(演藝)에 소양이 깊다.

몸도 장대한 편이요 맘이 준수하고 담백하여 내외국사람들의 칭찬을 많이 받고 있다.

그동안 남가주대학에서 3학년까지 공부를 하고 있었는데 금춘(今春)에는 휴교하고 할리우드 시에 있는 모(某) 영화회사에 배우로 취직하여서 동양인 역을 맡는데 배우로서의 평이 높아서 한 달에 천이백 불이라는 거액의 월급을 받고 있다는 소식이 왔다.

참으로 반가운 소식이었다.

안 씨를 만나서 이 소식을 전하였더니

"자꾸 말려도 듣지 않고 밤낮 연극 연극 하더니 종내 배우가 되어서 나를 광대의 아버지를 만들었구려! 그러나 자기가 원하는 직업을 얻었다니 매우 기쁩니다."

웃으시면서 이렇게 말씀하시는 것이었다.

내가 지금 필립 군의 생각이 떠오르는 것은 그와 같이 연극을 해본 기억이다.

로 시(市)에 있는 조선인들이 하룻밤을 유흥회(遊興會)로 모였는데 그날 밤에 「신여성의 구혼」이라는 극본을 써가지고 그를 주역으로 하여 무대 위에서 같이 출연하던 생각이다.

이것은 나의 자랑이 아니라 그의 연기가 얼마나 알려졌던지 신문(조선문)에 광고를 하였더니 백여 리나 넘는 촌에서들까지 조선형제들이 쓸어 모여서 오백여 명의 관중을 가지는 대성황을 이루었었다.

그때를 회상하며 은막(銀幕) 앞에 서있는 장대하고 늘씬한 군의 모양을 나는 생각해본다.

차남 필선 군은 성질이 침착하고 근면하고 용모가 어머님을 닮았다.

이러한 군이라 공부를 파고들어 매학기 '갑(甲)'의 성적만 받아서 제1위를 점령한다고 내외인간에 칭찬을 받고 있다.

그가 통학하는 곳은 가주주립대학이며 지금 화학과 제3학년에 재학 중이다.

3남 필영 군은 소학교 5학년에 통학을 하는데 용모와 자태가 모두 아버지를 닮았고 음성도 아버님을 닮았다.

무엇보다도 더 닮은 것은 그가 연설을 잘하는 것이니 지금 11세의 소년이지만 성년같이 큰 고함으로 열변을 토하여 듣는 이들을 감동시킨다.

나도 그가 연설하는 것을 크리스마스 축하 날에 한 번 들었다.

장녀 수산 양은 어머님을 닮았는데 퍽 명랑한 성격을 가졌으면서 또한 쾌활한 현대여성적 기질을 가지고 있다.

얼굴도 아름답고 무엇보다 쾌활성을 늘 나타내고 있어서 제2세 청년들이 그를 퍽 연모하고 있는 모양이었다.

그는 지금 가주주립대학 체육과 제4학년에 재학 중인데 체육을 전공하는 것도 그의 쾌활한 성격의 표현인 것이다.

마지막으로 소개하려는 2녀 수라 양은 용모도 아름답지마는 언니와는 좀 반대로 퍽도 침착하다.

그 때문이 되어서인지 그는 가주주립대학 상과에 통학하면서 상업에 대하여 전공하고 있다.

금년에 아마 제2학년이 되는 듯하다.

침착한 가정부인의 타입이니만큼 여러 청년들의 사랑의 적(的)이 되어 있다.

무엇보다도 유감으로 생각하는 것은 그들의 사진을 가지고 있지 못한 것이다.

그들의 사진들을 보면 더욱더 그들을 잘 알 수 있을 것을.

벌써 근 3년 전에 같이 한 식탁에 둘러앉아서 저녁을 먹으면서 같이 행복한 웃음을 나누던 그 광경이 눈앞에 떠오르는 때마다 산록한가(山麓閑家) 속에서 이러한 단란한 가정을 멀리 해외에 두고 외로이 병환을 정양(靜養)하고 계신 안 씨의 고독한 얼굴을 대조해보곤 한다.

《백광(白光)》 제2호, 1937년 2월

---

1) 이 글은 《백광》 제2호(1937년 2월)에 실려 있다. 그런데 편집자가 어렵게 찾아낸 해당 호에서 하필 이 글의 첫 장 부분이 뜯겨져 나가고 비어 있었다. 그렇게 사라진 글을 어쩔 수 없이 '전략'이라 표시했음을 밝혀둔다.
2) 로스앤젤레스

흰구름이 뭉게뭉게

　흰구름이 뭉게뭉게 떠오르는 여름 하늘을 치어다보는 것도 유쾌하고 재미있는 일이었다. 7월의 무더위를 잊으며 키가 큰 포플러 그늘 아래 파아란 풀판 위에 다리를 펼치고 누워서 소설책을 읽으며 풀내음을 흠뻑 들이쉬는 것도 상쾌하였다. 가끔 뭉게뭉게 떠오르는 흰구름을 쳐다보던 일들도 어린 시절에 꿈의 세계에만 있던 아름다운 시간이었다.

　중학시절 나는 여름방학 때마다 강서 약수(江西 藥水)[1]에 며칠씩 놀러갔다. 무학산(舞鶴山) 중턱에 있는 과수원에 올라가서 노랗고 빨간 자두(오얏)들을 사서 먹던 기억도 새롭다. 달고 시그럽고 싱싱한 자두를 씹으면 입속에 신물이 가득 차고 금시에 이마 위에 땀이 가시는 것 같았다.

　멀리 지평선 위에서 흰구름이 뭉게뭉게 분수구의 물굽이같이 떠오르고, 하얀 솜뭉치같이 부풀어 오르는 모양을 바라보면서 더위를 잊고 등골이 시원함을 느끼기도 하였다. 수양버들 가지들이 흔들거리는 그늘 속에는 검은 강아지 한 마리가 네 다리를 뻗고 누운 채 낮잠을 자고 있었다. 어느 가지 위에서 울어대는지 매미의 울음소리가 시원한 냇물소리같이 쇄르르 들려오기도 했다.

　한국의 여름 하늘 위에는 언제나 흰구름이 뭉게뭉게 떠오르고 떠다니는 것이 특색이었다. 참외, 수박밭에 서 있는 원두막 위에서 목침을 베고 누워 흰구름을 쳐다볼 수 있던 어린 시절의 한가함은 일생을 두고도 잊을 수 없는 행복하고 낭만적인 시간이었다.

　가만히 누워서 하늘 위에 떠오르는 흰구름을 쳐다보면 커지기도 하고 작아지기도 하고, 이놈과 저놈이 합해지기도 하고 갈라져서 떨어져 나가기도 하였다. 또 흰구름은 여러 가지 형태를 나타내기도 하였다. 혹은 범이나 사자 모양의 동물 형태로 움직이기도 하고 사람의 얼굴 같은 모양을 하기도 하였다.

그뿐만 아니라 어떤 때는 말을 타고 달음질하는 무사가 성벽에 둘러싸인 커다란 궁성을 향해서 칼을 빼들고 달리는 듯한 형태를 보여주기도 하였다. 마치 돈키호테의 소설이나 몬테크리스토 백작의 소설에서 보던 어떤 장면과 같이 보였다. 저녁이 되면 흰구름이 황혼의 휘황찬란한 빛을 받아서 더 할 수 없이 아름다운 천국을 이루는 것 같았다. 지상에서는 볼 수 없는 황금빛 황혼의 극락세계를 그려주었다.

'내가 커서 어른이 되고, 늙어서 죽을 때에는 저런 극락세계로 가는 게 아닌가. 고히 일생을 살다가 만년에는 저렇게 아름답게 황혼을 장식하고 세상을 떠났으면 얼마나 좋을까.'

황혼의 아름답던 금빛 하늘을 보면서 느꼈던 어린 시절이 벌써 오랜 옛날이 되고 말았다.

해가 서산을 넘고 밤이 되면 흰구름이 먹구름으로 변하고 더욱더 아름다운 낭만의 세계로 번져갔다. 칠흑의 고요한 밤하늘을 빨간 번갯불이 동에서 서쪽으로 뻔쩍뻔쩍 칼날같이 휘돌았다. 숫번개와 암번개가 마주쳤는지 쇠그릇이 깨지는 소리같이 굉장한 울림과 함께 온 천지가 떠들썩해졌다. 어디 벼락이라도 떨어지는 듯한 느낌 속에서 나는 무서움에 숨을 죽이고 가만히 누워있었다.

손에 땀을 쥐고 한참 누워있으니 쏴하고 소나기가 떨어지는 소리가 났다. 비 속에서도 번개질이 가끔 계속되고 우레소리도 뒤미처 무섭게 들려왔다. 번개와 우레소리를 듣고 있던 중학시절의 어렸던 나는 이런 생각을 해볼 수도 있었다.

'이 우렁차고 무서운 하늘의 운행은 하나의 낭만적인 연애 사건이었구나. 숫번개와 암번개가 서로 사이좋게 만나 포옹하고 입 맞추고 속삭이는 소리가 저렇게 요란하게 들리는 것이 아닌가. 지금은 밀회도 끝내고 다시 만날 것을 약속하면서 서로 눈물을 흘리는 것이 이 소나기가 아닐까.'

나는 어린 마음에도 이러한 낭만적이고 문학적인 상념을 가졌던 기억이 되살아난다.

그러나 오늘도 저 여름 하늘 위에 떠도는 흰구름을 쳐다보아도 전과 같은 낭만이나 상념을 느낄 수 없다. 다만 황혼에 펼쳐지는 황금빛 구름이 나의 마음을 조금이나마 끌어줄 뿐이다.

『한국수필』 1975년 여름호

1) 평안남도 강서군 약수리를 말한다.

소리

포항의 중심지인 남빈동(南濱洞)에서 살아온 지가 이십 년이 넘었다.

그러던 것이 약 일 년 전 작년 겨울에 변두리 밖인 죽도(竹島) 2동의 벌판에 새로 지은 집을 하나 사서 이사를 하였다.

내가 살던 곳에서 2킬로미터 가량 떨어진 곳으로서 아직 도로도 잘 정비되지 않았고 여기저기 두서너 집이 서있는 사이에는 파밭이 끼어있고, 또 내다보이는 벌판에는 논과 밭이 깔려있고 조그만 못도 몇 개가 있어서 낚시질을 하는 애들이 서 있기도 하고, 가끔 물닭들이 갈밭 사이로 푸드득 날아들기도 하였다.

내가 살던 남빈동과는 전혀 환경이 달랐다. 거기서는 시장이 이백 미터, 정거장, 은행, 우체국, 극장 등이 모두 이백 미터 내외의 가까운 거리에 있었다.

이렇게 번잡한 곳이어서 날이 밝기 전부터 요란한 소리가 온통 세상을 뒤덮는 것 같았다.

새벽 네 시만 되면 소방서에서 으앙 하고 길게 울려오는 사이렌소리, 네 시 반이면 교회당에서 울려오는 종소리, 지축을 뒤흔들고 지나가는 자동차소리가 하루 종일 고막을 휘둘겨주었다.

이러한 소음의 소용돌이 속에 살면서도 그것을 참을 수밖에 없었다.

우리는 아직 공해(公害)가 무엇인지 들어도 보지 못했던 1930년대에, 세계에서 소음이 제일 많다던 시카고에 가서 삼 년이나 살아본 일이 있었다.

당시 인구가 사백만이 넘던 공업도시 시카고는 밤낮이 없이 약동하는 도시였고, 그 움직이고 꿈틀거리는 소리는 온 세상이 요란한 것 같았다.

수많은 자동차와 커브를 도는 전차들의 잡음들, 그것보다도 시카고만이 갖고 있던 강철로 건설된 고가철도(高架鐵道)가 도시의 남북을 꿰뚫고 중심지를 한 바퀴(loop) 돌아서 이삼 분에 하나씩 지나가는 데는 벼락이 떨어지는 것보다 더 요란한 소리였었다.

제2차 대전 후에 지하철도로 바뀌었다니 다행이지만, 그때는 소음이니, 오염이니 하는 공해에 대한 학자들의 관심이 적었던 때문이었다.

더구나 당시 시카고는 '알 카포네'와 여러 갱(gang)단의 중심지여서 밤만 깊어지면 골목마다 수십 명의 갱들이 기관소총으로 요란한 총격전을 벌이곤 했다.

이것은 소음이라기보다는 무서운 전쟁의 전율과 같은 공포이어서 잠을 잘 수가 없을 지경이었다.

이렇게 요란한 도시에서 삼 년을 살아본 탓인지, 그 후 디트로이트, 필라델피아, 뉴욕, 피츠버그, 볼티모어, 워싱턴 등 수십 개의 큰 도시로 돌아다녔으나 시카고와 같이 잡음이 요란한 도시는 별로 없었다.

요사이 서울도 소음이 높은 도시라고 하겠지만, 포항쯤은 아직도 고요한 도시에 불과하다.

눈앞에 우뚝우뚝 종합제철의 높은 굴뚝들이 열을 지어서 웅장하게 서있지만, 하얀 증기인지 연기가 퍼져 나와서 구름과 같이 떠오르고, 빨간 불기둥이 용광로 굴뚝으로 뿜어 나와서 하늘로 치솟을 뿐, 쇠망치 소리, 쇳물 붓는 소리 하나 들려오지 않는다.

제2차 대전 때 미국의 군수공장들이 일본을 공격하기 위해서 미국 서부 캘리포니아주에 많이 세워졌다.

공장에서 나오는 연기(smoke)와 태평양에서 불어오는 안개(fog)가 합쳐서 사람의 얼굴과 옷과 집의 벽들을 더럽히는 공기오염의 공해를 가져왔었다.

연기와 안개가 합쳐서 공기의 오염을 낳게 하는 이 현상을 스모그(smog)로 불렀다. 연기라는 smoke와 안개라는 fog를 합쳐서 하나의 신어(新語)가 생긴 것이다.

이제 종합제철이 두 배, 세 배로 커진다고 해도 공기오염의 스모그현상이 일어날 것을 걱정하는 사람은 별로 없다.

  우리 집에서 종합제철이 2킬로미터 밖의 남쪽에 위치하고 있으나, 포항시의 중심은 북쪽에 있다.

  포항에는 샛바람(西北風)이 많이 불기 때문에 바람은 공장 쪽으로 흘러가고, 간혹 갈바람(西南風)이 불 때면 공장의 연기는 영일만 바다로 날려퍼진다.

  내가 새 집으로 이사를 온 것이 일 년이 다 되었어도 어딘지 마음이 가라앉고, 정착지로 안정이 되지 않는다.

  사람은 고향을 떠나서 객지나 타국에 나가게 되면 그리운 고향생각을 안타깝게 잊지를 못하지만, 같은 마을에서 멀지 않은 곳에 새 집을 바꾸었을 때에도 왜 안정이 되지 않고, 낯선 곳에 새로 시집을 온 옛날 새색시처럼 서먹하기만 하게 될까.

  새로 이사 온 집은 넓고, 깨끗한 맛이 있다고 해도, 옛날에 수십 년을 살아오던 낡은 집이 오히려 그립고, 그리울 때가 많다.

  아마, 우리가 세상에 태어나고, 자라고, 살아온 우리의 집은 우리의 고향의 고향이 아닌가 생각이 된다.

  작은 집이거나, 큰 집이거나, 작은 셋방이거나, 화려한 아파트방이거나, 우리의 몸을 평안히 쉬이고, 우리의 마음을 후련하게 가라앉힐 수 있는 우리의 집이 곧 우리의 고향인 것을 느낄 수가 있다.

  달팽이가 집을 이고 다니듯이 우리는 항상 집과 인연이 있고, 고향마을과 인연이 있고, 우리가 태어난 조국과 인연이 있고, 생존의 연관성이 있는 것이다.

  내가 이 새 집으로 이사를 온 뒤부터 특별히 느껴지는 것은 소리에 대한 관심이다.

  현대문명의 공해로 불리어지는 소음은 하나의 약동하는 생명의 힘찬 소리라고 나는 생각한다.

  만일 소리를 진동하게 하는 물리적 작용이 없다 하면 세상은 공허요, 모든 생물은 정지요, 죽음만이 깔려있게 될 것이다.

우리는 힘찬 소리와 함께 건설하고 약동하는 선진국가의 대열에 참여하여야 할 것이며, 우리의 슬기를 다해서 공해를 극복해나가야 할 것이다.

한적한 변두리에 새 집으로 이사 온 나는 밤마다 소리가 그리워서 잠을 이루지 못할 지경이다.

소음의 요란한 소리에도 잠을 잘 못 자지만, 고요한 밤중에 갈대밭 사이로 바스락 들려오는 한 줄기의 작은 소리에도 잠을 잘 잘 수가 없다.

《여성동아》 1975년 11월

고요

고요.

고요는 조용조용한 곳에 있고, 소리가 없는 곳에 있고, 검은 그림자나 어둠 속에 있고, 움직임이 없는 정지(停止) 속에 있고, 생명이 없는 죽음 속에 깔려 있다.

구약성서에서 창세기를 읽어보면, 하느님은 빛을 만드시고, 하늘과 땅을 만드시고, 모든 동식물들을 만드셨으나 소리를 만드셨다는 말은 기록되어 있지 않다.

태초의 고요는 고요 그대로요, 답답하고 암담한 어둠과 생명이 없는 침묵과 죽음의 고요였다.

비로소 빛이 만물의 생명을 일으키게 했으니 생명은 곧 움직임(躍動)이며, 조화이며, 힘차게 우러나오는 소리(音響)였던 것이다.

나는 소음의 공해가 무엇인지 알지도 못했던 1930년대에 세계에서 소음이 제일 많기로 유명했던 공업의 도시 시카고에 가서 삼 년을 살았던 일이 있었다.

젊은 시절이어서 그랬었던지, 강철로 세운 고가철도의 벼락을 치는 듯 요란하게 지나다니는 기차 소리에도 아무 지장이 없었고, 오히려 그것이 문명의 행진곡이요, 생명의 약동하는 소리인 것같이 우렁차게만 들렸다.

캐나다와 미국의 수십 개의 큰 도시를 두루 다니면서 살았으나 조금도 소음의 공해라는 것은 생각도 안 해 보고 다만 그것들은 세상이 약동하는 생명의 숨결로서만 들렸다.

당시 『시카고 시집』을 내놓아 시카고의 대표적 시인이 되었던 칼 샌드버그(Carl Sandburg)의 시에는 아래와 같은 약동의 힘찬 시가 있다.

Lay me on an anvil, O God,

Beat me and hammer me

Into a steel spike.

Drive me into the girders

That hold a skyscraper together.

오, 신이여, 나를 철상(鐵床) 위에 누이시고

뚜드리고 망치질하여

한 개의 강철못이 되게 하소서.

마천각(摩天閣)을 연결하는 들보 속에

나를 박아 주소서.

  내가 자라난 고향도 공업도시인 평양이다.
  내가 소학 시절이었던 때에도 평양에는 한국 사람이 운영하는 공장만도 수천 개였고, 양말 공장과 메리야스 공장의 기계소리가 밤을 새워가며 고요를 깨뜨리고 약동하였다.
  지금 이들 공장주들은 월남 피란민으로서 부산, 대구, 서울 등지에서 새로이 공장들을 경영하고 있는 줄 안다.
  내가 살고 있는 포항은 하나의 작은 어항이었으나, 종합제철이 창립됨에 따라서 일약 공업도시로 알려지게 되었다.
  종합제철이 생긴 이후 5년에 인구가 칠만에서 십육만으로 불어났다.
  공장이 생기면 여러 가지의 공해로 말미암아 살기가 어려울 것으로 사람들은 염려를 하였으나 아직까지 아무런 피해도 없는 것이 이상할 정도다.
  종합제철의 위치는 포항 중심가에서 남쪽으로 4킬로미터 밖에 있다. 포항에는 하늬바람(서북풍)이 많이 불기 때문에 바람은 중심가에서 공장 쪽으로 흘러간다. 간혹 마파람(서남풍)이 불어오면 연기는 영일만 바다 쪽으로 흘러나간다.
 공장 안뜰에 열을 지어 서 있는 높은 굴뚝들에게서는 연기는 나오지 않고, 흰구름과 같은 수증기가 솟구쳐 오를 뿐이요, 용광로 위로 뿜어 나오는 불꽃이 봉홧불과 같이 쉬지 않고 밤낮으로 높이 타오를 뿐이다.
 더구나 소음이라고 할 만한 소리도 나지 않는다. 그렇게 큰 철공장에서 쇳물 붓는 소리 하나 안 들리고, 쇠망치 소리 하나 안 들려온다. 현대적 시설을 잘 갖춘 공장이기 때문이다.

 나는 약 일 년 전에 포항 중심가에서 2킬로미터 남쪽인 죽도 2동으로 집을 옮겨와서 제철 쪽이 2킬로미터 더 가까워졌다. 작은 도시이지만 중심가에 있을 때에는 기차 소리, 자동차 소리, 사이렌 소리, 그물 공장, 장공장, 목공장 등에서 시끄러울 만한 소리를 들으면서 살아왔다.
 그러던 것이 벌판과 같은 변두리에 옮겨 와서는 오히려 소리가 그리워질 정도로 고요 속에서 소리를 들으려고 애를 쓰고 있다.
 고요 속에서만은 참다운 고요를 느낄 수 없는 것 같다. 밤이 깊어서 고요할 때 벌판을 지나서 갈대밭 사이로 사르르 들려오는 바람소리는 나의 죽음의 고요를 깨우쳐주는 것 같은 느낌을 나의 마음의 귓속에 담아다 준다.
 이렇게 들리는 듯 마는 듯한 실바람 같은 한줄기 가는 소리가 이렇게까지 나의 마음을 무겁게 하고, 나의 마음에 불안을 가져다주는 크나큰 소리로 들려올까. 시카고의 고가철도보다도 더 요란한 소리로 나의 마음의 고요를 깨뜨려 줄까.
 소리가 하나의 생명이요, 약동이요, 조화요, 아름다움이라면 고요는 죽음이요, 정지요, 부조리요, 추함이 아닐까.
 나는 지금 조용한 변두리에서 고요를 즐기려고 하고 있는데, 오히려 고요 속에서 들을 수 있는 가느다란 소리들은 더 무겁고 더 요란한 소리로 들리지 않는가.
 산골짜기에서 졸졸 흐르는 물소리를 듣고 고요의 아늑한 정을 느껴볼 수도 있었고, 수풀 사이에 고여 있는 작은 못가에서 소곤거리는 산새들의 울음과 함께 한가한 마음의 고요를 즐기기도 하였으나, 지금 내가 갖고 있는 이 고요는 곳과 때가 달라졌음일까, 인생의 소음을 가져다줌일까, 왜 이렇게 고요답지 않은 고요일까.

   내가 이제 모든 시끄러운 현실을 떠나서 땅속에 죽음과 어둠의 고요 속에 묻힌다면 그때엔 영겁의 고요 속에서 다시는 아무 소리도 들리지 않는 태초의 고요 속으로 되돌아가고 마는 것일까.

《수필문학》 1976년 1월호

'뻐저리' 아저씨

'뻐저리' 아저씨는 내가 초등학교 시절부터 잘 알던 어머님 쪽인 외숙이었다.

내가 초등학교 오학년이었던 어린 때부터 우리집을 자주 찾아오시던 아저씨로서 나에게는 무섭고 또한 반갑지 않은 '술도깨비 아재비'였다. 그때 그의 나이는 사십이 넘었고, 몸집이 크고 뚱뚱하고 얼굴에 두 눈들이 자동차처럼 크고 빨갛고, 널따란 코와 두꺼운 입술이 도깨비와 같이 무서워 보였다.

더구나 하루도 빼놓지 않고 독한 소주를 마시고 대문을 열어젖히고 뜰 안에 들어서면, "누님, 내가 왔어요. 뻐저리, 내가 왔어요!" 하고 서성대면서 방안으로 들어오면, 두 다리를 버티고 두 팔로 방바닥을 뒤로 벌려짚고 젖히고 앉곤 했다.

이 '뻐저리' 아저씨는 평양서 육십 리 밖에 있는 강서라는 서촌 우리 어머님의 친정에서 온, 몇 촌 오라비뻘이 되는 사람이었다. 그는 큰 장마에 농토를 다 잃어버리고 아주머니와 어린 딸 하나를 데리고 평양으로 들어와서 매일 품팔이를 해 가면서 살아가고 있었다.

어머님이 부엌에서 방안으로 들어오시면 그는 엎디어서 큰절을 하곤 하였다.

"누님, 이 불쌍한 뻐저리 동생을 용서해 주십시오. 늘 누님께 성가시게 굴어서 미안합니다. 오늘은 돈도 잘 벌고 술도 많이 먹었습니다."

그는 윗몸을 끼우뚱거리며 취한 목소리로 중얼거리다가, 한편 쪽에 웅크리고 무서워하는 표정을 하고 앉아 있는 나를 보고, "어, 이 귀둥(貴童)이, 우리 귀둥이 공부 잘 하냐?" 하면서 손길을 나에게로 내밀면 나는 뒤로 움츠리곤 했다.

"아니, 용서는 뭘 용서해. 좀 힘이 들겠지만 막벌이라도 힘써서 잘 하면 앞으로 더 좋은 일자리가 생기지 않겠나."

어머님은 위로하는 말씨로써 늘 그를 달래었다.

"누님, 걱정하시지 마시오. 나는 요새 가마 걸기, 온돌 놓기, 벽 바르기, 미장이로서는 신용이 있고, 성실히 잘 한다구 소문이 났어요. 허허! 나 같은 뻐저리가 있으니까 남들이 다 편리하게 잘 살지 않아요?"

"그래, 그래, 잘 해 봐라."

"그런데 누님, 먼젓번 장마 때 누님이 쌀을 사 주었던 쌀값을 가져왔어요. 오 원이지요, 여기 가져왔어요."

뻐저리 아저씨는 허리춤에서 돈주머니를 빼내고, 돈 오 원짜리 한 장을 어머님 앞에 내어 놓았다.

"아니, 그걸 안 가져오면 어떠니! 그래도 용하구나, 낙심하지 말고 힘써서 일을 잘 해라!"

"에, 에, 잘 하구 말구요, 누님. 조상이 물려준 작은 땅이나마 물에 다 떠내려 보내고, 내가 평양성에서 뻐저리 생활을 하고 있지만, 나 같은 사람도 다 세상에 필요한 것이 아니겠어요?"

그는 이런 말을 하다가 말을 돌려서, "어 이놈 귀둥이 놈, 참 잘 생겼어! 참 착하구, 공부도 잘 하구." 하면서 나에게로 다가와서는 나의 이마와 머리를 껄껄하고 두꺼운 손바닥으로 자꾸 쓸어대었다.

나는 속으로 몹시 싫어서 목을 움츠렸지만 얼굴에 싫은 표정을 지을 수는 없어서 무척 괴로웠다.

더구나 그의 흙에 터진 거친 손도 싫었지만, 그의 입에서 풍겨내는 문배 썩어진 냄새와 같은 술 냄새가 더욱 질색이었다.

그리곤 얼핏 호주머니에서 동전 한 닢을 꺼내어 나의 손에 쥐어 주면서, "얘, 귀둥아, 사탕이나 하나 사 먹어라! 오늘은 잊어버리고 깨엿을 못 사왔다."

그는 올 때마다 나에게 엿이나 사탕을 늘 사다 주었다.

그 후 나는 자라서 서울로 공부하러 올라가고, 또한 외국으로 나갔기 때문에 그의 소식도 들을 길이 없었고, 또한 그를 생각할 여유도 없었다.

내가 열두 살 때 만났을 때, 그는 마흔 살이었는데, 내가 스물일곱 살 때 고향에 돌아와서 그를 다시 만나보게 된 것은 그가 쉰다섯 살 때였다.

또한 어머님은 돌아가시고, 나는 결혼을 하여 새 살림을 하고 있을 때인데 그 옛날에 인상이 깊었던 그 아저씨는 심심치 않게 다시 나를 찾아 주시었다. 그리고 언제나 찾아오실 때에는 술에 거나해서 오시지만, 코끝이 빨갛고 두터운 입술에 늘 웃음을 짓고 있어서 반가웠다. 술을 좋아하시지만 나도 그에 못지않아서 같이 술을 즐기었다.

그는 술이 취하면 말도 많이 하시지만 그 중에도 "나는 뻐저리야! 나 같은 뻐저리가 있으니까 너희들이 다 편안하게 잘 사는 것이야!" 이 한마디는 이야기의 후렴처럼 잘 하기도 했었지만, "술이 나의 둘도 없는 친구야! 응, 이렇게 좋은 술을 주는 조카가 있어서 난 외롭지 않아! 하하, 이 뻐저리는 술만 주면 천국과 같이 좋아!"

지금 나의 나이 칠십이 다 되어 가는데도 그 아저씨가 말하던 '뻐저리'라는 말뜻은 무엇이었는지 잘 알 수가 없었다. 어느 날 밤, 잠이 잘 오지 않아서 누워 있다가 이 '뻐저리' 아저씨의 생각이 떠올랐다.

그래서 아내에게 이렇게 물었다.

"여보, 당신 저 뻐저리라던 아저씨 생각이 나오?"

"생각이 나구 말구요. 자기 같은 뻐저리가 있어서 우리가 다 편안히 산다구 늘 그러시지 않았어요!"

"당신 기억력도 좋구려. 그 '뻐저리'가 무슨 뜻인지 알 수가 없어. 그런 사투리도 못 들어보고. 바보등신이라는 말인지, 무슨 벌레의 이름인지, 또는 뼈가 저리게 일하는 놈이라는 뜻인지……."

"뭐, 다른 뜻이겠어요! 나는 아무것도 모르니까 내 힘대로 흙일이나 하면서 남들이 잘 살도록 역사하고 있는 품팔이꾼에 불과한 못난이다, 라는 뜻이겠지요."

"응, 그건 그렇다고 하고…… 당신, 그 아저씨가 나보고 '조카! 부탁이 하나 있어. 다름 아니라, 내가 죽거든 내 널(棺)이나 하나 사 달라구! 내가 죽어서 영원히 잠들 널집 말이야! 이건, 농담이 아니야, 꼭 내 널집을 조카가 하나 사 줘야 해!' 그러면 나는, '꼭 사드리고 말고요! 내 어머님을 생각해서라도 꼭 사드리겠습니다. 조금도 염려 마십시오.' 이렇게 말하면 그는 술을 더 마시자고 하고, 두 팔을 벌리고 '조카 제일이야, 우리 조카가 제일이야!' 하시던 생각이 나오?"

"나구 말구요. 그러나 지금은 그의 나이가 팔십도 넘었으니 아직 살아 계시겠어요?"

아내와 나와의 대화는 여기서 끊어지고, 돌아누운 아내는 삼십 분쯤 후에 긴 숨소리를 내었다.

그러나 나는 새벽 네 시에 사이렌 소리가 들려올 때까지 잠이 오지 않았다.

'뻐저리'라는 뜻은 아마 그 아저씨가 품팔이 노동의 품위가 낮은 일을 할망정 자신의 명분과 분수를 지켜서 성심껏 일하는 진실한 사람이라는 뜻일 것이고, 술은 육체와 정신의 피로를 풀어주는 둘도 없는 친구라는 뜻일 것이다.

나도 널집 속에 들어갈 날이 가까운 지금, 그 뻐저리 아저씨와 약속했던 널을 못 사드린 것이 얼마나 죄스러운지. 내가 고향에서 그 아저씨와 함께 살 수 있었던들 나는 그 약속을 지켰을 것이 아닌가. 돈이 없으면 빚을 내어서라도 그 약속을 꼭 지켰을 것이 아닌가.

고향과 조국이 없는 사람같이 외롭고, 고달프고, 불쌍한 사람이 또 어디 있겠는가.

《수필문학》 1976년 7월호

내가 본 간호원들

내가 처음으로 간호원을 만나 본 것은 일곱 살 났던 때였다. 그때는 간호원이라고 부르지 않고 간호부(看護婦)라고 불렀다.

더구나 요사이같이 어여쁘고 천사와 같은 흰 옷을 입은 고운 처녀가 아니고, 파아란 눈알이 움쑥 들어가고, 머리칼이 노랗고, 코가 우뚝 선 할머님 같은 중년의 서양 부인이었다.

그녀를 만난 곳은 나의 고향인 평양의 기독병원이었다. 그때 평양에는 한국 사람의 병원은 하나도 구경할 수가 없었고, 총독부에서 세운 일본 사람들의 자혜병원이 하나 더 있었을 뿐이었다.

일곱 살 때, 모기에 물린 왼편 팔 한가운데가 곪기 시작했다. 살균제 의약이나 머큐로크롬이나, 멘소래담, 옥시풀, 안티푸라민 같은 약은 구경도 할 수 없었고 항생제는 들어볼 수도 없던 시대였다.

왼팔에 곪은 데가 쑤셔서 밤새 잠을 잘 수가 없었고 상처가 많이 깊어졌다. 그래서 어머님과 함께 찾아간 곳이 기독병원이었다.

병원에는 할아버지 같은 머리가 흰 서양 의사 한 분과 먼저 말한 무서운 서양 간호부와 단 두 분뿐이었다.

두 분은 무어라고 서양말로 쑹얼거리더니, 의사는 나의 오른팔을 꽉 붙잡고, 그 무섭게 생긴 간호부는 새파란 칼로 왼팔을 잡은 채 곪은 데를 열십자로 쏴쏴 깊이 째어 젖혔다.

나는 아파서 울음을 터뜨렸는데, 간호부는 그 짼 자리를 다시 또 어린애의 숟갈 꼭지 같은 것을 넣고 휑휑 내두르는데 얼마나 아팠던지 숨을 쉴 수가 없었고 얼굴이 확확하도록 울음소리만 터뜨렸다.

  누런 고름과 검붉은 피가 한없이 흘러나왔다. 나는 팔이 꺾어지는 것 같은 아픔에 눈을 뜰 수가 없는 아픔을 느꼈다. 지금도 회상하면 팔이 아픈 것 같다. 그 상처의 자리가 큰 게의 배꼽같이 아직도 남아 있다.

  그 다음에 만난 간호부들도 그리 녹록지 않은 서양 간호부들이었다.

  내가 스물두 살 때 미국 시카고대학병원에서였다.

  몇 날 동안 밤을 새우면서 공부를 하다가 목에 보무라지가 나서 항종이 깊이 들었던 것이다.

  쇠칼로 째면 독이 들 염려가 있다고 참대칼로 수술을 하기로 했다.

  뚱뚱하고 팔이 굵은 서양 간호부 셋이 나의 두 팔을 의자 뒤로 붙잡아 대고 의사는 잘 들지 않는 대칼로 나의 아픈 곳을 톱질이나 하듯이 자꾸 비비대었다. 왜 마취주사를 놓지 않았는지 모르지만 나무칼로 목을 벤다는 말과 같이 아파서 '아이고……' 하고 크게 고함을 질렀다.

  내가 처음으로 만나본 간호부들은 다 서양 분들이었고, 그들은 나이팅게일의 서약과 같은 자혜심과 봉사의 정신보다도 직무적으로 행사하는 하나의 직업부인들과 같았다.

  그 후 나는 건강한 편이어서 60이 넘도록 병원에 갈 일이 별로 없었다.

  70은 고래희(古來稀)라고 했지만, 회갑(回甲)을 넘기기가 어렵다는 말도 있듯이 회갑이 넘어서도 요사이는 병원을 다시 찾게 되는 일이 많았다.

  위가 약해져서 가끔 위염이 생기고 위경련이 일어날 때가 많아졌다.

  애들이 나의 위에는 궤양이 생겼거나, 위암이 생겼을 것이라고 걱정들을 해주었다.

  할 수 없이 집안의 권고로 대구 큰 병원에 입원을 하고 8일간을 머물면서 종합진찰을 받은 일이 있었다.

  병원 간 날부터 나는 한국 간호원들의 친절하고 봉사적인 간호와 주사 놓기, 환자 손질하기에 슬기롭고 자상함에 한결 위안을 받을 수 있었다.

먼저 이야기했던 서양 간호원들에게서 받았던 인상은 다 사라지고, 한국 간호원들은 흰 옷을 입은 천사와 같이 상냥하고 미덥다고 생각하였다.

8일 만에 종합진찰이 다 끝나고 아무 병도 없고 위만이 약해졌으니, 금주하고 영양을 잘 섭취하라는 의사의 판단이 내렸다. 내가 기쁨과 희망에 차서 퇴원할 때, 나를 어버이같이 친절하게 간호해주던 그들도 나만큼이나 기쁜 얼굴로 전송해 주었다.

그들의 자혜와 희생적인 봉사는 지금 구미(歐美) 여러 나라에까지 퍼져 나갔지만, 우리는 우리의 직책을 직업적으로만 할 것이 아니라 봉사적 정신을 아울러 잊지 않아야 할 것이라고 생각한다.

《새생명》 1976년 1월

연기

연기는 우리의 눈으로 볼 수 있는 대표적인 기체(氣體)의 하나이다. 물이 탈 때에 일어나는 기체로써 그 냄새와 색깔도 여러 가지다.

외로울 때 혼자 누워서 피우는 담배의 연기는 여러 가지의 동그라미와 선들을 그리면서 천장을 떠올라가고 또한 흩어져 사라진다.

생담배의 새파란 연기가 곧바로 솟아오르는 것과 입에서 내뿜는 누런 연기가 뒤섞여서 한 폭의 그림을 그릴 때에는 한결 심심풀이의 벗이 되기도 한다.

나는 늘 연기의 모양을 볼 때마다 하늘에 떠도는 구름을 바라보는 듯이 일종의 미감(美感)과 낭만을 느낄 때가 많다.

어릴 때, 시골에 가면 마당 앞에 모닥불을 피워놓아 흐릿한 연기와 함께 구수한 듯한 냄새를 풍기는 것도 유심히 바라볼 수 있었다. 짚신짝도, 새끼오리도, 개똥도 함께 타는 냄새였다.

기나긴 여름해가 넘어가고 어두운 초저녁에 사람들이 마당가에 모여 앉아서 모기쑥을 피워놓고, 늙은이들은 긴 담뱃대로 불을 휘저어서 파란 불이 톡톡 튀어나며 향긋한 쑥의 냄새를 시원한 밤바람에 휘날려 펼치던 일이 지금도 하나의 낭만의 기억으로 남아있다.

자두색같이 빨갛고 연두색같이 파랗던 그 모깃불과, 코디향수보다 더 그윽하고 향기롭던 쑥의 냄새는 지금도 나의 몸에 배어있는 것 같다.

겨울방학에도 육십릿길을 걸어서 삼촌의 시골집을 찾아가는 것이 어린 시절의 나의 기쁨이었다.

발도 시리고, 귀도 뺨도 얼어붙은 듯이 추운 몸으로 동동걸음으로 뛰어가다가 삼촌이 사는 동리 밖에 다다르면 멀리 언덕 위에 서있는 삼촌의 초가집을 바라다 보았다.

앞마당에 서있는 앙상한 버드나무에서 까치 한 마리가 날아가는 것도 보였으나 가느다란 굴뚝에서 외줄기 흰 연기가 겨울의 고요한 하늘을 향해서 곧바로 치솟아 오르는 모양은 한없이 아름답고 낭만적이었다.

저녁밥을 짓는 연기인 줄 알았을 때 주린 창자도 추위도 다 잊어버리고 집이라는 것은 얼마나 아늑하나 하는 느낌을 행복하게 깨달을 수도 있었다.

내가 어렸을 때에는 그렇게 많은 연기를 볼 수 없었다. 집집마다 아침과 저녁밥을 짓는 연기 외에는 별다른 연기를 볼 수가 없었다.

가끔 기차가 지나가는 철길에 놀러가서 기차를 구경하면서 기관차에서 뿜어 나오는 연기를 재미있게 바라다보기도 하였다. 용이 떠오르는 듯이 길고, 굵고, 꿈틀거리는 기차의 검푸른 연기를 바라보면서, 언제 나도 커서 저런 기차를 타고 딴 세상을 구경할 수 있을까 하는 낭만의 꿈을 안아보기도 하였다.

중학시절에 나는 서해로 가서 기선의 굴뚝에서 피어오르는 흰 연기도 구경하였다. 수평선 너머로 향해 점점 작아져서 사라지는 기선의 흰 연기는 하늘의 구름들과 합쳤다가 사라지었다.

하늘과 합친 듯한 저 아득한 수평선 너머서 있는 모든 낯선 나라를 찾아가고 싶은 마음도 용솟음쳐 올랐다.

'인생은 하나의 항해다'라는 글을 본 적이 있었다. 그러나 인생은 배를 타고 바다를 건너가는 단순히 그런 항해가 아닌 것을 좀더 커서야 알 수가 있었다.

1929년 봄, 내 나이 스무 살이 넘어서 나는 기차를 타고 기선도 타서 미국의 시카고로 갈 수가 있었다.

그때 시카고의 인구는 오백만이고 세계 제일의 공업도시였다. 온갖 상품을 만드는 많은 공장의 굴뚝에서는 여러 가지 색깔의 연기가 많이 뿜어 나오고 있었다.

나는 힘차게 뿜어 나오는 공장의 연기들을 보면서, 옛날 겨울방학에 찾아갔던 삼촌집의 저녁밥을 짓던 외줄기 흰 연기를 추억해보았다. 지금 내가 볼 수 있는 시카고의 공장연기에서는 전에 삼촌집에서 보던 외줄기 연기와도 같은 낭만을 느낄 수는 없었다.

그러나 시카고의 시인라고 불리어지던 칼 샌드버그(Carl Sandburg)는 그의 『연기와 강철 Smoke and Steel』이라는 시집에서 연기를 예찬하는 시들을 모아놓았었다.

미국에 가서는 많은 연기를 볼 수가 있었다. 자동차공업도시인 디트로이트의 공장들의 연기, 피츠버그의 강철공장들의 연기, 뉴욕, 볼티모어 등의 공장들의 연기들을 많이 볼 수 있었다.

그러나 이렇듯 많은 공장들의 매연(煤煙)이 우리에게 공해(公害)가 된다는 생각을 갖게 된 것은 제2차 세계대전 이후의 일이다.

'서울에는 공기가 보인다.'

'서울의 스모그현상은 어느 도시보다 심하다.'

이러한 말이 떠도는 것은 요사이의 일이다. 이 스모그현상이라는 새 낱말이 생긴 것은 처음 로스앤젤레스의 경우에서다.

칼 샌드버그의 짧은(短) 시에도 있듯이 로스앤젤레스에는 저녁마다 태평양에서 고양이의 발자취와같이 소리 없이 안개가 불려온다.

Fog

The fog comes
on little cat feet.
It sits looking
over harbor and city
on silent haunches

and then moves on.

안개

작은 고양이의
발자취와같이
안개가 들어온다.
항구와 도시의 고요한 허리 위로
안개는 앉아서 바라보고는
그리고, 또다시 움직여간다.

제2차 세계대전 말기 때 독일은 항복을 하고 일본만이 남아있었다. 미국은 일본이 가까운 태평양 연안인 로스앤젤레스에 모든 군수공장을 세웠다. 이로 말미암아 공장의 연기와 안개가 뒤섞여서 혼탁해지는 현상을 스모그라고 불렀다.

말하자면, 연기 Smoke와 안개 Fog의 두 글자를 합해서 Smog라는 낱말을 새로이 만든 것이다.

물 좋고 공기 맑은 푸른 바다를 즐기면서 여직까지 포항에서 고요히 살아왔는데, 여기가 또 세계적인 공업도시가 될 줄은 미처 몰랐다.

그러나 밤낮없이 종철의 굴뚝에서 솟아오르는 용광로의 불길과 하얀 구름과 같은 흰 연기를 바라볼 때마다, 나는 우리나라 건설의 기운차고 커다란 숨결이라고 생각하고 흐뭇한 감정과, 선진국가의 대열에 끼어들 수 있는 강인한 투지라고 자긍하고 있다.

스모그현상이나 매연의 공해는 과학자들이 해결할 문제들이다. 나는 다만 어린 시절에 갖고 있던 연기에 대한 낭만의 꿈을 되찾을 길이 없는 것이 한없이 아쉬울 뿐이다.

늦은 저녁, 저녁밥을 짓기 위해서 차디찬 겨울하늘 위로 떠오르던 외줄기의 흰 연기의 기둥. 시원한 여름밤의 생긋한 공기를 쑥 향내로 물들이던 모깃불.

아름답고 즐겁고 좋은 세월은 과거로 흘러만 가고, 살기 어려운 세월을 맞아서 싸워야만 하는 것이 인생인가 생각할 때에 한편 서글프기도 하다.

《현대문학》 1976년 8월호

영국 문호 버나드 쇼의 풍자

조지 버나드 쇼(George Bernard Shaw)는 아일랜드 출생의 영국 문호로서 극작가로 평론가로 유명하였다. 1925년 희곡 「인간과 초인(Man and Superman)」으로 노벨문학상을 받았고, 런던 『데일리 텔레그래프(The Daily Telegraph)』에서 사회비평 칼럼을 담당하면서 사회에 대한 신랄한 풍자와 위트로 유명하였다.

1930년대에 컬럼비아대학에서는 존 듀이(John Dewey) 박사를 중심으로 실용주의를 실천하기 위해서는 과학적인 실험을 통해서만 진리를 구할 수 있다고 주장하였다. 쇼는 이를 이렇게 야유하였다.

"소위 존 듀이 박사의 실험주의와 경험주의에 의한다면, 런던에서는 경험이 제일 많은 지자(智者)로서는 아마 런던에서 제일 경험이 많은 런던박물관의 주춧돌일 것이다."

1932년에 그의 희곡 「성녀 조앤(Saint Joan)」을 할리우드에서 영화로 찍게 됨으로써 미국의 초청을 받은 일이 있었다. 뉴욕항에 도착한 그는 여객선에서 혼자 내려오고 있었다. 수십 명의 신문 카메라맨이 출영했는데 그중 하나가 이런 발언을 하였다.

"우리는 지금까지 왕이나 수상이나 거물급들이 올 때에도 우리 멋대로 사진을 찍었는데 버나드 쇼는 우리 언론계의 거물인 만큼 존경하는 뜻에서 허락을 받고 찍는 것이 어때?"

"그것 참 좋은 생각이야!"

그래서 그중 하나가 그 뜻을 버나드 쇼에게 전했다.

"아, 그건 안되지. 만일 나의 사진을 찍으려면 모두 나의 왼쪽으로 오란 말이야!"

카메라맨들은 무슨 영문인지 모르고 모두 서성거리며 쇼의 왼쪽으로 몰렸다. 쇼는 모자를 벗어 쥐고 고개를 뒤로 젖히며 코를 번쩍 들면서 말했다.
"나의 코는 왼쪽에서 봐야 더 예쁘거든! 자, 지금 찍어요!"
물론 코는 좌우 어느 편에서 보나 다 마찬가지일 것이다.

그는 만년에 런던의 100리 바깥 교외에서 살면서 세상을 떠나는 날까지 혼자서 살았다. 아침마다 20리 이상을 정구복 차림으로 산책하였다. 어떤 날 런던에서 신문기자들이 와서 왜 이러한 벽촌에서 사느냐고 물었다. 쇼는 기자들을 데리고 집 뒤에 있는 언덕 위 묘지로 인도하였다. 그리고는 어떤 무덤 앞에 서 있는 비석의 비문을 보여주었다.

오, 우리는 그대의 짧은 일생을 추모하며 그대의 영원한 명복을 비노라!

비문은 이렇게 쓰여 있었다. 죽은 사람의 출생과 사망의 연월일은 85세나 되었다.
"이 사람, 85년이나 살았는데도 짧은 인생이라니, 나도 오래 살아보려고 이곳을 택해서 사는 것이야!"
이렇게 말하고 껄껄 웃었던 버나드 쇼는 근대 문호 중에서 오래 산 분의 하나이다. 그는 1856년 더블린에서 출생하였고, 1950년에 서거하였다. 말하자면 94세를 사신 것이다. 그는 돌아가기 전까지 글을 썼고, 돌아가기 전에 써놓은 것이 서정시 60편이었다. 당시 『뉴욕타임즈』에 소개된 것을 읽어보았지만 지금은 너무나 어렴풋한 기억만 남아 있다. 어떤 비평가의 말을 빌리면, 버나드 쇼가 어떤 우체국장의 미망인을 연모해서 썼던 서정시로 시인으로서도 일가를 이룬 것이라고 평했던 것을 기억하고 있다.
1935년경 버나드 쇼는 중대한 발언을 해서 세상을 떠들썩하게 했다.

"건전한 정신은 건강한 육체에 깃든다."

우리는 이 그레시아의 금언을 중학시절에 배워서 머릿속에 꽉 박혀 있는 것이다. 그러나 쇼는 이것을 180도로 뒤집어 놓았다.

"건강한 육체는 건전한 정신에 깃든다."

그는 이렇게 서슴지 않고 신문 칼럼을 발표함으로써 많은 사람에게 의아심을 갖게 하고, 그를 역설가 또는 독설가라고까지 비난하였던 일이 생각난다. 그러나 버나드 쇼의 이 말은 반세기가 거의 지난 오늘에 와서는 역설이나 독설이 아니라 정당한 진리의 예언이라고 느껴지는 때가 많다. 왜냐하면 현대 사회에서 살고 있는 우리들은 거의 다 정신 박약증에 걸려있는 것이 아닌가 생각되기 때문이다. 육체적으로 오는 병도 많겠지만, 우리는 늘 물욕에 대한 것과 공해니 무엇이니 하는 관념에 붙잡혀서 우리의 신경은 과민되고 정신은 박약해져가고만 있다. 신문에서 약 광고를 읽어보아도 모두가 신경성 위장병이니 하는 것을 많이 읽을 수 있다. 버나드 쇼는 근대에 드문 문호인 동시에 멋있는 위트와 풍자가였다.

《멋》 1974년 9월호

세상을 돌아가게 하는 건 오직 사랑
- 새해를 맞이하며

지구 자체가 스스로 삼백육십다섯 번을 돌아서 자기 궤도의 제 자리로 되돌아오는 시간을 우리는 새해라고 부른다.

묵은해를 보내고 새해를 맞이한다는 것은 한편 기분이 상쾌하고, 우리에게 새로운 희망을 가져다주는 뜻있는 시간이기도 하다. 신문들과 잡지들도 그 지면을 늘리고 묵은 한 해가 지나가는 동안에 세상에서 일어났던 각계각층의 사건과 중요한 일들을 역사의 기록과 함께 편집해서 지나간 한 해를 회상하며 청산해 보기도 한다.

지나간 해에는 여러 나라에서 지진이 일어나서 많은 생명의 피해와 물질적 손실을 입었고, 중공에서는 지도자 모택동이 사망함으로써 정권이양의 일들로 바쁘고, 미국에서는 대통령을 새로이 뽑아서 새로운 정책을 구상하기에 바쁘다.

지난해에 우리가 겪어온 큰일들을 회상해보아도 적지 않은 변천을 기록하는 사건들이 많았다.

지난해에는 장마철이 늦어서 가뭄의 걱정을 하기도 했지만, 북한의 8·18 난동사건의 만행으로 우리만 놀랐을 뿐 아니라 온 세계가 놀랐던 사실이다.

수출목표를 달성하고, 역사적인 대풍년을 맞이한 것은 우리 산업 전사들의 피땀 나는 노력의 결정이지만, 동해에서 낡은 배를 타고 고기잡이를 나갔다가 파선을 당해서 돌아오지 못한 삼백여 명의 어부들과 그 유족들을 생각할 때 우리는 견디기 힘든 슬픔에 잠기지 않을 수 없다.

우리는 항상 새해를 맞이하는 날이면 옛날을 회상하기 마련이다.

고향을 이북인 평양에 두고 온 나는 고향을 추억해보는 때가 유달리 많다. 그래서인지 나는 고향을 생각할 때마다 다음과 같은 헤세의 시를 즐겨서 늘 읊어본다.

들을 지나서

하늘 위로 구름이 흐르고
들을 지나서 바람은 간다.
들을 지나서 헤매는 것은
우리 어머니의 영락한 아들.

거리 위로 낙엽이 날고
가지 위에는 새가 운다.
나의 고향은 어디메인가
산 너머 저 먼 곳인가.
　　　　　　(송영택 옮김)

어째서 우리는 자기가 태어난 고향을 그리워하지 않고는 안 되는가. 코끼리와 호랑이도 제가 태어난 굴로 돌아가서 죽는다고 하지 않는가.

새로운 해를 맞이할 때마다 나는 옛 고향을 생각하지만, 또한 시간의 고향이라고 할까, 내가 어렸을 때와 젊었던 시절의 일들을 더욱더 그리워한다.

중학교 삼학년 때에 나는 열여섯 살이었다. 크리스마스가 되면 나의 고향은 온통 흰 눈 속에 덮여서 그야말로 깨끗한 화이트 크리스마스가 되었다. 유쾌한 크리스마스의 기분도 있었지만 묵은해를 흘려보내고 새로운 해를 맞이한다는 희망과 기쁨이 있어서 매서운 추위도 쉽게 잊을 수가 있었다. 영하 20도의 추위도 잊어버리고 남녀 학생들이 어울려서 초롱불들을 들고 골목마다 돌아다니면서 크리스마스 캐럴을 기운차게 부르던 낭만의 겨울밤도 있었다.

'고요한 밤, 거룩한 밤……'

'기쁘다 구주 오셨네, 만백성 맞으라……'

이렇게 부르던 우리의 우렁찬 노래는 얼어붙은 듯이 고요한 새벽의 하늘 위로 분수처럼 사방으로 울려퍼졌다.

겨울방학을 맞아서 명쾌한 크리스마스와 새해를 마음껏 즐기고, 새로운 희망과 더불어 열심히 공부를 할 수 있었다. 그때 우리는 이러한 즐거운 절기를 맞기 때문에 겨울방학이라고 부르지 않고 크리스마스 방학이라고 불렀다. 기나긴 겨울밤을 이불 속에 엎드려서 책 읽기로 밤을 새우는 때가 매일 같았다. 다행히 일학년 때부터 서선전기주식회사가 설립되었고 전등불을 켤 수 있어서 독서하기에 더욱 편리했었다. 그것이 1924년 무렵이었다.

초등학교 육학년 때부터 문학을 좋아했던 나는 세계문학전집을 거의 다 읽었다. 그때 번역판들은 일본글이었고, 한글로 번역된 것은 『해왕성』(몬테크리스토 백작)과 『희 무정』(레미제라블) 등 두 권이 있을 뿐이었다. 명작소설 등과 시들은 거의 다 읽었고, 일어와 영어를 배우기 위해서 《영어연구》라는 일본잡지를 매달 사서 읽었다. 지금 우리나라에서 발행하는 영어잡지와 같은 것으로서 좋은 수필들이 많이 소개되고 있었다.

수십 년의 학교교육을 받았으나, 나는 선철들의 철학적인 말 한마디, 글 한 어구에서 더욱더 큰 진리와 가르침을 받을 수 있었다고 생각한다.

'빈곤과 무지는 죄악이다.'(생시몽)

'인생은 빈곤과 권태와 싸우는 것이다.'(사무엘 존슨)

등의 글귀들은 아직도 잊혀지지 않는 좋은 말들이다.

인간의 모든 죄악은 거의 무지와 빈곤에서 오는 것은 예나 지금이나 조금도 다를 것이 없다.

부귀와 영화를 누리려고 원하는 것이 보통 우리들의 성정이다. 서로가 다 함께 잘 살기를 원하는 것보다도 나 혼자만이 더 잘 살려고 싸우는 것이 현대인들의 모순된 이기주의 사상인 것이다. 이러한 이기주의 사상은 현대에만 있는 것이 아니고 동서를 막론하고 어느 시대에도 있었던 것이다.

12세기 로마의 시인이요, 철학자이었던 세네카는 이런 말을 하였었다.

'몽둥이와 돌멩이는 열매를 맺는 나무에만 던져진다.'

아이들은 열매를 따먹기 위해서 살구나무나 밤나무 같은 데에 몽둥이도 던지고, 돌멩이도 던지지만, 버드나무나 포플러나무에는 돌을 던지는 일이 없다. 사람도 열매를 맺는 나무와 같이 유능한 인물이 되면 많은 박해를 받는다는 이야기다.

수필을 공부하던 중에 나를 크게 감명케 해준 것은 찰스 램의 다음과 같은 글귀이다.

'고상한 이상, 평범한 생활.'

우리는 보통동물이 아닌 이상 고상한 이상을 갖고 살아가야할 것이며, 이런 이상을 실현하기 위해서는 순박하고, 겸허하고, 평범한 생활을 실천해 나가야 할 것이다.

시인 바이런도 '인간에게는 수성(獸性)과 신성(神性)이 있다.'고 말했지만, 우리는 짐승이 아니고 신과 융합할 수 있는 인간인 것이다.

나는 학생시대로부터 지금까지 찰즈 램의 '고상한 이상, 평범한 생활'을 좌우명으로 삼아서 실천해보려고 노력해 왔다. 고상한 이상의 목표를 찾기 위해서 나는 항상 자연을 가까이 했고, 또한 사랑하였다. 자연과 같이 순스럽고, 거짓이 없고, 아름답고, 신비스럽고, 사랑스러운 것은 다시 또 없는 것이고, 그뿐만 아니라 하나님의 사랑과 함께 자연에 대한 나의 외경심을 심어주기도 하였다.

바이런도 이런 말을 했다.

'나는 사람을 덜 사랑하는 것은 아니지만, 자연을 더 많이 사랑한다.'

시인 드라이든은 또 이렇게 말했다.

'예술에는 착오가 있을 수 있으나 자연은 완전무결하다.'
철학자 하아비는 말했다.
'자연은 신이 저작자인 한 권의 책이다.'
나는 책을 읽듯이 자연을 가까이 하고, 내가 알아낼 수 없는 아름답고 신비스러운 말들을 많이 들었다. 우리의 옛시조에도 자연과 하나님의 섭리를 찬양하고, 적응하는 멋지고 낙관적인 송시열(宋時烈)의 노래가 있지 않는가.

  청산도 절로 절로 녹수도 절로 절로
  산절로 수절로 산수간에 나도 절로
  이중에 절로 자란 몸이 늙기도 절로 하리라

  (푸른 산도 절로이며 깊은 물도 절로이고,
  산수가 절로이면 산수 사이에 있는 인간인 나도 절로이다.
  이런 중에서 절로 자란 몸이니 늙기도 절로 하리라.)

이 얼마나 자연섭리에 순응하는 노래인가. 사람은 자연을 파괴는 할 수 있으나, 자연을 창조할 수는 없는 것이다. 오직 자연은 하나님의 창조물이고, 섭리는 하나님의 숨결인 것이다.
하나님의 섭리의 숨결인 시간은 다시 1977년이라는 새해를 가져왔다.
우리는 묵은해의 모든 즐거웠던 일과 슬펐던 일들을 회상도 해보고 반성도 하여야 하겠지만, 또 다시 맞이하는 희망찬 새해를 뜻있게 건설할 것을 결심도 해야할 것이다.

  지금 세계의 어느 곳에 누가 울고 있다.
  이유도 없이 울고 있는 사람은

나를 울고 있다.

지금 밤의 어느 곳에서 누가 웃고 있다.
이유도 없이 웃고 있는 사람은
나를 웃고 있다.

지금 세계의 어느 곳에서 누가 걷고 있다.
정처도 없이 걷고 있는 사람은
내게로 오고 있다.

지금 세계의 어느 곳에서 누가 죽어 간다.
이유도 없이 죽어 가는 사람은
나를 보고 있다.

(송영택 옮김)

위의 시는 릴케의 「엄숙한 시간」이다.

시간과 공간을 초월해서, 세계의 어느 곳에서나, 또한 어느 시간에서나, 나고 죽고 하는 모든 일들은 다 같은 인간으로서의 인정스러운 유대 속에 얽히어 있다는 뜻일 것이다.

이러한 인권 옹호와 존중의 사상은 이 시대의 발전과 함께 가질 수 있는 가장 아름답고 숭고한 정신이라고 생각한다.

예수께서도 우리에게 '원수를 사랑하라'고 가르쳐 주셨다.

사랑은 모든 생명의 법칙이고 방법인 것이다. 사랑이 없다하면 세상은 또 다시 춥고 어두운 빙하시대와 같이 냉각하고 말 것이다.

프랑스의 민요에도 이런 가사가 있다.

'사랑이라오, 사랑

세상을 돌아가게 하는 것,

그것은 오직 사랑이라오.'

사랑은 삶의 법칙이요, 인간의 본능인 것이다. 그러나 철학자 에머슨은 이런 말도 하였다.

'모든 사람은 애인을 사랑한다.'

우리는 남을 사랑할 줄도 알아야 하겠고, 또한 남의 사랑을 받을 수 있는 애인의 자격도 가져야 하겠다. 애인의 자격을 갖추기 위해서는 보다 더 신성하고, 성실하고, 믿음직하고, 아름다운 생활을 하여야 할 것이다.

새해부터는 세상의 모든 인간의 존엄성을 높이고, 굶주리는 사람이 없는 상호부조의 사랑의 해를 이룩하기로 우리 모두 합심해야 할 것이다.

《새생명》1977년 1월

옥수수

아내가 거리에 나갔다가 옥수수 두 개를 사왔다. 하나씩 먹자는 뜻이다.

그러나 옥수수 자루가 얼마나 큰지 반 토막도 다 못 먹겠다. 한 뼘 반도 넘으니 양척으로 한 자나 되는 것 같다.

요사이 TV에서 전하던 개량종 19호나 20호인 것 같다. 그리고 멀리 강원도 산간 지방의 화전(火田)에서 온 것이라고 생각이 된다.

나는 어린 시절부터 옥수수를 퍽이나 좋아했다.

키가 2미터 이상이나 자라난 옥수수 밭이 길 양쪽에 서 있는 좁은 길로 혼자서 지나갈 때에는 혹시 무서운 짐승이나 뛰어나올 것 같아서 머리털이 오싹 일어서는 것 같았다.

무엇보다 옥수수의 이파리들은 야자수의 이파리처럼 길게 뻗어 나무의 양쪽이 늘어져서 춤을 추는 모양을 하고 있는 것이 좋았다. 그러나 바람이 세차게 부는 날에는 병사들이 칼을 빼들고 열을 지어서 몰려나오는 것 같은 무서움도 주었다.

키가 큰 옥수수나무들이 강한 비바람에 줄기가 휘어서 절을 하는 모양을 하였다가도, 향일성(向日性)이 강한 탓으로 다시 태양을 향하여 고개를 곧바로 쳐들었다.

나의 고향, 평양의 근방에는 옥수수를 전문으로 농사를 짓는 동리가 많았다.

대동강을 건너 동쪽에 있는 사동(寺洞)과 미림(美林)이 그 대표적이고, 밭이 많은 이북에서는 어느 지방을 막론하고 옥수수를 심어서 식량에 보탰다.

사동에는 내 누님이 살고 있어서 방학 때이면 으레 놀러갔고, 그곳의 옥수수는 좀 일찍이어서 여름방학 달인 8월이 한창이었다.

초등학교 시절부터 나는 옥수수를 많이 먹었고 또한 좋아했다.

옥수수의 나무는 키가 크고, 후리후리해서 멋이 있지만, 야자 이파리같이 길게 늘어진 것도 보기가 좋고 또한 그 열매야말로 어느 열매와도 비길 수 없으리만큼 아름답고, 탐스럽고, 우아했다.

푸른 식물성 섬유의 천 조각 같은 껍질로 싸여 있는 열매를 한 갈피 한 갈피 벗기어 가면, 마지막 속잎은 희고 깨끗한 모시 속옷과 같이 씌워져 있었다.

마지막으로 그것마저 벗기면 파릿하고 흰 수염들이 열매를 보호하는 듯이 감싸고, 품어 주고 있었다.

흰 명주실과 같은 수염들을 곱게 뜯어내면, 말할 수 없이 아름답고, 순스럽고, 탐스러운 옥수수알들이 곱게 줄을 지어서, 지붕 위에 있는 기왓골같이, 가지런히 박혀 있는 것을 볼 수가 있었다.

참으로 황홀할 지경으로 아름다웠다.

처녀의 빨간 입술 속에서 진주알같이 빛나는 이빨들보다도 더 빛나고, 자연스러웠다.

하나님의 섭리로써만 이루어질 수 있는 하나의 신기한 조각이라고도 생각하였다.

탐스러운 옥수수를 쪄서 먹어 보면 아무런 자극성이 없이 담백하면서도, 달고, 고소하고, 향긋하였다.

한 알 한 알 따먹어도 맛이 있고, 누에 모양으로 기다랗게 뜯거나, 이빨로 마구 뜯어 씹어도 그 맛은 한없이 달고, 고소하고, 향긋하였다.

열 자루를 그냥 계속해서 뜯어 먹어치우는 젊은이들도 있었다.

옥수수를 가공해서 먹는 방법이 많이 있으나, 그 중에서도 여름에 시원하게 먹을 수 있는 것이 옥수수묵이다.

옥수수알을 맷돌에 갈아서 된죽을 쑤고, 찬 우물물을 자배기에 채운 다음, 여러 개의 잔구멍이 뚫린 바가지로 된죽을 찬물 속으로 뚝뚝 흘려 내려서 식히는 방법이다.

이것을 옥수수죽이라고 부르기도 하고, 올챙이같이 생겼다 해서 올챙이죽이라고도 한다.

옥수수가 많이 생산되는 미국에서는, 이 담백한 옥수수를 여러 가지로 가공해서 식품으로 많이 사용한다.

옥수수가루를 비롯해서, 설탕·전분·과자 등과, 튀김과 야채 기름 등 많은 종류의 식품을 가공한다.

그러고도 남는 옥수수는 소·돼지의 가축 사료로 쓰이고, 그러고도 또 남는 것은 외국으로 수출하는 형편이다.

북한에서 남한으로 귀순한 이들의 말을 들으면, 북한에서 살고 있는 서민들은 주식으로 옥수수를 배급을 받아서 살아가기 마련이고, 이것도 부족하게 주어서 옥수수죽을 쑤어 먹는 형편이라고 한다.

아무리 옥수수가 맛이 좋다고 해도 매일같이 주식을 삼아서 먹어야 하고, 그것도 부족하여서 죽을 쑤어서 먹어야 한다니, 그 어렵고 슬픈 사정은 가히 짐작할 수가 있다.

식생활 사정이 이러하다니, 간장·고추장은 어떻게 말아먹으며, 채소나 고기는 구경도 할 수 없을 것은 빤한 노릇이다.

우리 속담에 '굶는 것같이 서러운 일은 없다'고 했는데, 북한에서는 무슨 까닭으로 백성들을 굶겨야 하나.

아내가 사 가지고 온 강원도산 수원 19호의 큰 옥수수자루를 들고, 한 알 한 알 뜯어서 씹으며, 옛 추억에 잠겨 본다.

야자나무 수풀과 같이 우거져 서 있던 옥수수나무들의 긴 이파리들이 너울너울 팔들을 벌리고 춤을 출 때면, 손가락을 벌린 듯이 높이 피어난 옥수수꽃의 꼭대기로 수많은 풍뎅이들이 소리를 내며 날아다녔다.

서늘한 바람과 함께 옥수수의 시원한 그늘 속에 뚫린 길을 혼자서 20리를 즐거운 마음으로 걸어 다니던 시절이 아름다운 풍경화와 같이 머릿속에서 떠오른다.

그리웠던 옛 시절을 되씹는 듯이 옥수수의 반 토막을 맛이 있게 뜯어 먹다가 오늘의 고향을 생각하면서 그만 내어놓고 만다.

(1978년)

『한국현대문학전집58-수필선집Ⅱ』, 삼성출판사, 1979

모란봉의 봄

나의 고향, 모란봉(牡丹峯)에는 올해에도 봄이 또 오고 있는가. 내가 고향을 떠나온 지도 어언 33년이 지나갔다. 물과 같이 흘러간 세월은 한낱 꿈과 같이 사라졌지만, 쓸쓸한 객지에서 어우렁더우렁 나의 아름다운 청춘을 시름없이 놓쳐버린 것을 생각하면, 인생이 허무하다 하지 않을 수가 없다.

해마다 철이 바뀔 때에는 고향 생각을 잊을 수가 없지만, 내 나이 칠십 고개를 올라서는 올해에는 고향 생각이 더욱이 간절해진다. 노스탤지어 향수증(鄕愁症)과 홈식 회향병(懷鄕病)이 떠나지 않는 오백만 북한 피난민들을 우리말 사전에도 없는 실향민(失鄕民)이라는 새 말로 호칭하는 서러운 형편이다. 왜 우리는 고향을 잃어버리고 실향민이 되었는지 통곡을 해야 할 우리 민족의 비극이다.

우리가 자라나고 정든 고향을 자랑하지 않는 사람은 없겠지만, 내가 태어난 우리 고향인 평양은 가장 아름다운 금수산(錦繡山)을 북쪽에 두고, 모란봉, 을밀대(乙密臺)는 그 일부분이요, 서남쪽에는 분지(盆地)와 같은 창광산(蒼光山)과 서기산(瑞氣山)이 있다. 부벽루(浮碧樓)에 오르면 커다란 현판(懸板)이 '제일강산(第一江山)'이라고 큰 글자로 씌어져 걸려있는 것을 볼 수가 있다.

중학시절에 나는 새벽마다 모란봉을 산책하는 것으로 새벽 일과를 삼았었다. 두 손에 아령을 쥐고 뛰기도 하고, 대동강(大同江) 물에 냉수마찰도 하였다. 서문(西門) 안에서 살고 있던 나의 산책 코스는 서편 길로 모란봉을 올라가곤 했다.

서문여고, 숭의여고, 정의여고가 서 있는 길 복판을 뚫고, 만수대(萬壽臺)를 넘어서 서평양에서 들어오는 큰길을 건너 토성을 끼고 칠성문을 지나 을밀대로 오르는 것이었다.

서평양에서 들어오는 큰 전찻길에는 어두운 새벽길에 채소 과실들을 손구루마에 싣고 장 보러오는 사람들로 메꾸었었다. 을밀대가 가까워 오면 기자림(箕子林)의 송림(松林)이 우거져 있었고 길가에는 몇십 년을 묵은 벚꽃나무들이 줄을 지어서 나란히 서 있었다.

을밀대는 큰 돌로 성을 20미터쯤 쌓아 올리고 그 위에 세운 정각(亭閣)이어서 웅장하기 짝이 없었다. 기둥만 서 있고, 벽이 없어서 일명 사허정(四虛亭)이라고 불렀다. 이곳에서 북쪽으로 바라보이는 봉우리가 모란봉이고, 봉우리 아래로 북쪽으로 나가는 현무문(玄武門)이 있고, 봉우리 위에는 최승대(最勝臺)가 높이 서 있었다. 이곳에서 술을 즐기던 주객들로부터 방랑객 김립 시인(金笠 詩人)이 술을 얻어 마셨다는 이야기도 전해온다.

봄마다 모란봉에는 진달래가 많이 피었다. 진달래는 우거져 있어도 모란꽃은 한 포기도 구경할 수가 없었다. 뒤에 생각했지만, 모란꽃이 핀다고 해서 모란봉이 아니요, 모란같이 아름다운 산이라고 해서 모란봉으로 부른 것인 줄 알게 되었다.

을밀대에서 내려다보면 멀리 동편 사동(寺洞)에는 높은 산들이 둘러서 있고, 두 줄기로 흐르는 대동강은 수양버들로 가장자리에 선을 두른 능라도(綾羅島)를 에워싸고 감돌아 흐르고 있었다. 날로 그 색을 더욱 푸르게 하는 수양버들 사이에는 황금 같은 꾀꼬리들이 수없이 날아다니며 고운 노래를 불렀다.

"능라도의 수양버들을 내가 휘어잡고…….''

팔을 벌리고, 춤을 추며 이렇게 노래하던 평양 기생들의 고운 모습이 지금도 눈에 선한 듯하다.

모란봉 중턱에 있는 넓은 뜰에는 역사가 깊은 영명사(永明寺)가 자리를 잡고 있으며, 아침저녁으로 울리는 종소리는 솔숲의 내음과 함께 대동강 물 위를 은근히 퍼져 나갔다. 영명사를 지나치면 부벽루의 웅장한 누각이 대동강의 흐름을 내려다보고 서 있다.

학생 시절에 젊은 주객들이 떠들며 지껄이던 소리가 지금도 잊혀지지 않는다.

"돈이 있으면 제1강산이요, 돈이 없으면 적막강산이다."

아무리 강산이 좋다고 하고, 명기(名妓)들이 절색(絶色)이라고 해도, 돈이 없으면 고독할 뿐이라는 젊은이들의 탄식이기도 했다.

그러나 나는 지금 또 이러한 탄식을 듣고 있는 것 같은 느낌이다.

"자유가 있으면 제1강산이요, 자유가 없으니 캄캄한 생지옥이다." 부벽루에서 돌층계를 내려가면 아담하게 생긴 전금문(轉錦門)이 있다. 말하자면 모란봉의 동문인 셈이다. 또한 현무문이 북문이라면 칠성문은 서문이다. 전금문을 나서면 깎아 세운 듯한 청류벽(淸流壁) 아래로 강변도로가 길게 펼쳐 있다.

대동강 가에 있는 '떡바위'라고 불리우는 큰 암석 위에는 연광정(練光亭)이 ㄱ자로 서 있고 그 조금 옆에 대동문(大同門)이 높이 서 있다.

평양에는 동편엔 대동강이 흐르고 서편엔 보통강(普通江)이 흐르며, 오야리(梧野里) 남쪽에서 이 두 강이 합류하기 때문에 평양은 반도(半島)의 지형을 이루고 있다.

보통강변에는 보통문이 높이 서 있고 강 건너편에는 넓은 보통평야가 있어서 내 어렸을 때 즐겨서 뛰놀던 놀이터이기도 하다. 그러나 지금은 붕어잡이를 하던 개천과 게잡이를 하던 논두렁들이 모두 공업지대로 변하였다는 소식을 들은 지도 오래된 것 같다.

기독교인들의 묘지였던 서장대(西葬臺)의 언덕들과 풀밭들도 다 공장지대로 변하였다는 소식이다. 나의 조상들의 유골은 다 어디로 이장되었을까. 꿈만 같은 내 고향이 되고 말았다.

그야말로 고향을 송두리째 잃어버린 실향민이 된 것이다.

산천도 변하고 인심도 변하였으니 이제 어디서 내 고향을 찾을 수 있을까. 안타까운 때도 많지만, 꼭 우리의 고향을 다시 찾아야 할 것이다.

새맑은 샘물이 졸졸 흘러내리는 샘가에 서서 어린애의 손가락 끝같이 통통하게 부풀어 오르는 꽃망울들을 바라보면서 오늘도 고향의 산천을 곱게 물들이고 있을 새로운 봄을 다시 한 번 생각해 본다.

《북한》 1978년 4월

칠월의 바다

거세임도 없이, 푸르기만 한 바다. 흐뭇한 바람과 반짝이는 햇살과 함께 빛나는 그대의 새맑은 얼굴. 부풀어오른 넓고 깊은 가슴과, 커다란 〈발룸〉을 지니고 있어서, 모든 생물의 인자하신 어머님인 것처럼 어뚱게, 그렇게 부드럽기만 한가.

얼어붙었던 한방울의 샘물도, 비단 이불같이 뜰 위에 깔렸던 안개와 아지랑이도, 시들어진 풀잎새들과, 고운꽃 잎새들의 향정도, 그대만이 품고 있는 칠월의 부드러운 바다. 한 알의 모래와, 한 방울의 샘물과 한 알의 씨가 그 부드럽고, 넓고, 깊은 그대의 너그러운 품을 이룩하지 않았는가.
 푸른 솔 가지 사이로 언덕을 넘어서 불어오는 흐뭇한 바람과 숨결을 같이하며 긴 여름의 대낮을 졸고 있는 어머님과 같은 그대의 한가로운 모습이여.

이렇게 부드럽고 이렇게 넓고 또한 깊은 그대의 품속에서 온갖 생물들은 이제 한창 모든 삶을 즐기고 있지 않는가.
 족속도 이름도 모르는 온갖 어족들과 색깔도 속도 모르는 조개들과 소라들과 전복들과 골뱅이들의 족파들이 그대의 품속을 기어 다니고, 우릉쉥이·말미잘·해삼·집게들의 족파들이 또한 그대의 가슴 위에 매달려 있지 않는가.
 그리고 줄거리도 가지도 꽃도 모르는 온갖 해초들은 그대의 품을 감싸주고 옷 입혀주고 있지 않는가.
 그 넓고 깊고 부드러운 그대의 몸을 곱게 감싸주고 있지 않는가.
 또한 온갖 색깔과 모양을 한 진주와 산호들은 그대의 옷의 고운 무늬를 선둘러주고 있지 않는가.

　밤이면 크고 작은 파아란 별들이 부드러운 여름 밤을 속삭이하면서 잠들고 있는 그대의 이불 위에서 그대의 꿈을 가만히 엿듣고 있지 않는가.

　한 알의 작은 모래알도 현미경을 통해서 보면 수많은 구멍들이 뚫려 있고 또 그 구멍 속에는 수십만의 미생물들이 살고 있다고 과학자들이 말하지 않는가.
　그대는 또한 수십만의 미생물의 세계를 지니고 있는 그 끝없이 많은 모래알들을 감싸고 있어서 한없이 넓고 깊은 인자하신 어머님의 품을 마련하고 있지 않는가.
　그리고 또한 그대는 그대의 힘찬 숨결로서 그 무수한 모래알들을 만들어내지 않는가.
　수억만년의 오랜 바다의 역사와 생리를 지니고 있는 듯한 하얀 모래판 위에는 바다의 장미인 해당화들이 새맑은 얼굴을 하고, 붉은 뺨 위에 웃음을 짓고 있고. 거세임도 없이, 푸르기만 한 인자하신 어머님과 같은 칠월의 바다는, 지금 한창 해당화 향내와 함께 더욱더 부풀어가고, 부드러워만 가고 있지 않는가. 또한, 이 부드러운 바다는, 해와 달이 솟고, 질 때마다 팔을 뻗쳐 조수를 밀어서 포구로 돌아가는 배들의 무거운 짐들을 날러주고. 밀려오는 조수 위에 한가한 갈매기들은 흰나래를 길게 펴고, 푸름 위에 흰 동그라미들을 그리면서 고기의 떼들을 노리고 있고.

　온갖 생명과 빛을 다 지니고서도 푸르기만 한 나의 눈속에 든, 칠월의 부드러운 바다여!

〈동아일보 1957년 7월 3일〉

여름 아침의 동해

보드럽고 써늘한 여름의 짧은 밤이 새이는 줄도 모르고 자라나는 어린이들은 고소한 늦잠 속에 아침을 맞지마는 잠이 적은 나는 어두워 일어나서 해가 떠오르는 바다의 수평선을 바라보기를 즐거워한다.

어두워서 대문 밖을 나서면 샛별의 맑은 빛이 발 앞을 밝혀주는 듯하다.

'날이 새기 전의 밤이 제일 어둡다'라고 한 어떤 철학자의 말을 상기하면서 나는 한 걸음 한 걸음 어두운 이 땅을 조심성 있게 걸어가면서 멀지 않아 솟아오를 밝은 태양을 맞이하러 바다로 나간다. 지중해가 맑고 '나폴리' 앞바다가 맑다고 이태리 사람들이 자랑을 하지만 호수와 같이 잔잔하고 새맑은 우리의 동해를 나는 한없이 사랑한다.

동해 중에도 호수와 같이 반달 모양으로 움푹 들어온 영일만은 더욱 고요하고 맑으므로 아침마다 떠오르는 태양의 얼굴을 물 위에서도 바라볼 수가 있다.

수평선 위에 불쑥 나타나는 새맑고 장엄한 태양의 모습과 길게 물 위로 내뻗히는 황금빛 햇살의 아름다움을 이름하여 옛사람들은 영일만(迎日灣)이라고 이름했다고 생각한다.

이 영일만의 사장(沙場)인 포항해수욕장에는 방학을 맞이한 남녀 학생들이 멀리 서울과 대구 등지에서까지 몰려와서 반나체의 젊은 군상들이 어우러져 푸른 바다와 시원한 해풍과 하얀 모래판과 정열적인 아름다운 청춘을 즐기고 있다. 마이애미, 애틀란틱 시티, 리오데자네이로나 하와이의 와이키키 비치와 같은 호화찬란한 비치는 못 되어도 맑고 고요한 호수를 둘러서 사십여 리의 반월형의 백사장을 마련하고 있는 포항 비치는 앞으로 우리의 생활과 함께 윤택해지고 찬란해져야 할 것이며 찬란해질 것이다.

　시원하고 새맑은 동해를 찾아나가는 사람들이 요사이엔 하루에 이만 명이 넘는다고 한다.

　보리밥과 멸치를 싸들고 베적삼과 잠뱅이를 입은 촌사람들, 여름에도 지저분한 카기나 땡거리 군복을 입은 군인들이 바다로 가는가 하면, 잠자리 날개와 같이 나이론이나 레이용으로 몸을 감은 도시 여인들과 원피스나 투피스의 멋드러진 '오드리헵번타입'의 여성들이 뚱뚱한 마카오형 신사들과 몸을 기대고 포항선 볼 수 없던 자동차로 사람들을 양쪽으로 갈라놓으면서 지나가는 꼴도 보인다.

　남녀노소나 어떤 부류의 사람을 막론하고, 먼지와 더위를 피하고 시원하고 맑고, 넓은 바다를 찾아, 하루라도 즐겁게 놀아보자는 것이 모든 사람의 상정이기도 하다.

　이렇게 시원한 바닷가에 살면서도 나는 하루도 바다를 잊어버린 적은 없다.

　답답하고, 클클한 생각 속에 온 밤을 잠을 이루지 못했어도, 이른 아침의 바다를 내다보고 수평선 위에 떠오르는 태양을 바라다보면 나는 또다시 하루의 희망과 힘을 얻을 수 있기 때문이다. 나는 오늘도 밝기 전의 어두운 골목길을 조심성 있게 걸어서, 새맑은 태양의 찬란한 얼굴을 맞으려고 바닷길로 나간다.

〈동아일보 1958년 8월 5일〉

애지자를 등용하자

일찍이 철인 플라톤은 "시인이나 철학자가 정치를 맡아야 진정한 공화정치를 해나갈 수 있다"고 설파했지만, 과연 그 말의 진리를 다시금 음미할 수 있는 것이다.

시인이나 철학자들은 모두 '지'를 사랑하는 '애지자'일 뿐만 아니라, 그들은 항상 참(眞)을 사랑하였고, 좋은 것(善)을 사랑하였고, 또한 아름다움(美)을 사랑하는 것을 잊지 않았던 것이다. 진·선·미를 인생의 삼대요소로 삼았던 것은 그들의 가장 고귀한 주창이었던 것이다. 그러므로 우리는 새로이 재건되는 제일공화국의 새 일꾼으로서 먼저 인생의 삼대정신을 인식할 줄 아는 시인들과 애지자들이 나오는 것을 무척 환영하는 바이다.

그러나 우리 나라에서 스테잇츠맨(STATESMAN)다운 진정한 정치가도 구하기 힘들지만, 더구나 진정한 의미의 애지자를 구하기에는 하늘의 별을 따기보다도 더 힘드는 우리 세대이다. 원컨대 작으나마 정상배나 술책가가 아닌 정치가와, 위선적인 애지자가 아닌 진정한 학자들이 출현하기를 바라는 바이다.

미국의 어떤 잡지를 보니까 이승만 대통령의 연봉이 십만불에 교제비로 십만불 합해서 이십만불, 닉슨 부통령이 연봉 사만오천불 교제비 오천불, 장관급이 이만오천불, 상하의원이 이만불로 되어 있다.

영화배우나 대학교수의 연봉만도 못한 것을 갖고도 그들은 국가의 충실한 위임자의 책임을 완수하는 것이다. 그러나 미국의 원조를 받고서야 살 수 있는 우리나라의 고급관리가 십여 년에 이천만불-몇백억환을 축적할 수 있었으니 세상이 다 놀랄만한 폭정의 오리라고 아니할 수 없다. 부정의 축재자를 처단하여 다시는 우리 역사 위에 오점을 떨어뜨리지 말라.

〈동아일보 1960년 7월 9일〉

이태리 포플러

1967년 봄, 약 5년 전에 우리 학교의 앞뜰과 뒤뜰에 이태리 포플러 20그루를 심었다.

학생들과 교수들이 합력(合力)해서 이태리 포플러와 소나무와 일본서 보내왔다는 벚꽃나무들을 여기저기 교정(校庭)을 둘러서 심어 놓았다.

그 이듬해 봄에는 벚꽃나무가 다 말라죽고 소나무도 반 이상이 말라버렸다.

5년이 지난 금년 봄에는 벚꽃도 소나무도 다 없어졌고 오직 20그루의 이태리 포플러만이 싱싱하게 살아남아 있다.

본래, 우리 포항수대(浦項水大)는 영일만 송도 해변가에 위치하고 있고 교정의 토질이 사토(砂土)라서 수목이 잘 자라나지 않는다.

과거 일인(日人)들이 방풍림(防風林)의 필요함을 느껴서, 특수한 해송(海松)을 구해다가 여러 번 실패한 뒤 끝에 살아남은 것들이 오늘에 송도(松島)라는 이름을 얻게 한 구부러진 해송 수백 그루가 있을 뿐이다.

옛 이야기를 들으면 일인들이 처음 이 송도에 해송을 심은 것이 지금으로부터 약 50년이 넘는다.

솔을 심고 나면 바다에서 불어오는 샛바람이라고 불리는 동북풍(東北風), 즉 '빙풍(氷風)'이라고 이름 지을 만한 얼음같이 차가운 북극의 베링 해협에서 불어오는 찬바람 때문에 구부러지고 말라버리고 말았다 한다.

죽으면 또 심고 해서 여러 번 거듭한 후에 살아남은 것이 수백 그루에 지나지 않는다.

지금 50년이나 자랐다는 소나무의 크기가 10미터, 우리 키의 다섯 길이 될까말까 하다. 내가 여기 온 지 20년이 넘었으나 그동안 얼마나 더 컸는지 알아볼 수 있는 정도가 못된다.

어떤 관광객의 글에서 이런 말을 읽은 기억이 난다.

'소나무는 피압박 민족들만이 심는 나무다. 한국에는 쓸모없이 더디 자라고 자라나기 힘든 소나무를 산마다 심었다.

구미(歐美)에 가보면 소나무가 없다. 소나무는 식민지에만 자라나는 나무인 것 같다.'

이 관광객은 무슨 뜻으로 이런 엉터리의 말을 했는지 모르겠다.

소나무가 한 종류로만 된 것도 아니고 한국에만도 수십 종이 있으며, 외국에까지 합하면 실로 수백 종도 넘을 것이다. 더디 자라는 것들도 있고 빨리 자라나는 것들도 있고, 사오천 년 오래오래 장수하는 소나무도 있고, 온갖 목재와 가구 구실을 하는 귀중한 소나무도 많은 것이다.

동양에서 보더라도 우리 한국은 물론이요, 만주, 중국, 일본 같은 온대지방에는 소나무가 없는 곳이 없고, 구주(歐洲)에는 못 가보았지만, 미국 북부와 캐나다에는 청송(靑松), 백송(白松), 황송(黃松) 등의 소나무가 들을 덮고 산을 덮어 오래오래 자라나고 있다.

소나무 이야기는 달리 또 하기로 하고, 우리 교정에 서있는 이태리 포플러에 대해서 더 이야기해 보기로 한다.

2층에 있는 나의 방에서 서창(西窓)을 내다보면 공동묘지가 있는 먼 산의 꼭대기가 창면(窓面) 아래쪽에 가느다란 횡선(橫線)으로 그어져 보였다.

나무도 하나 없는 빤빤한 산(山)의 능선이 가늘게 내다보였을 뿐이다. 그런데 나는 어제 창문을 내다보다가 나도 모르게 놀라운 사실을 발견했다.

그것은 서창을 통해서 구름 한 점 없는 희멀건 하늘만 바라보았는데 창문의 전면(全面)이 새파란 나무의 반짝거리는 잎으로 차 있는 것을 보았기 때문이었다.

'아, 저것이 이태리 포플러구나! 벌써 저렇게 높이 자랐나!'

무심코 창문을 내다볼 때마다 하늘만 바라보이던 창문에 포플러가 파란 무늬로 커튼을 쳐서 드리워준 것을 미처 알아차리지 못했던 것이다.

　5년 전에 이태리 포플러를 잡지에서 또는 신문에서 빨리 자라난다는 기사와 사진을 보던 일을 생각하면서 회초리 같은 포플러를 정성을 다해서 심었다.

　'이, 소박한 모래땅에서 잘 자라날 수 있을까!'

　이런 생각을 하면서 심어 놓은 것이 그 이듬해에는 벌써 나의 키를 넘었고 또 한 해가 지나면서 2곱도 더 커졌다.

　낙엽송도 빨리 자라는 것으로서 20년이면 전선주(電線柱)가 된다고 하지만 이태리 포플러는 이제 5년째 되는데 전선주보다 더 굵어지고, 그 키는 3층 위에 올랐다.

　우리나라에도 수양버들, 갯버들, 땅버들, 미루(미국서 왔다고 미류(美柳)라고 부른 것이 미루라고 부른다) 버들 등이 있지만, 이태리 포플러같이 늠름하게 무럭무럭 자라나는 것을 나는 처음으로 보았다.

　이태리 포플러는 이 메마르고, 군색한 대한(大韓)의 땅위에 로마의 기풍을 날려주려는 것인가.

　알프스의 높은 준봉(峻峰)이 그리워서 고개를 쳐들고 발꿈치를 들고 으쓱으쓱 올라서는가.

　고개를 돌리면, 나폴리의 앞바다보다도 더 맑고 푸른 영일만의 바다가 보이지 않는가.

　이태리 포플러, 너는 메마른 이 땅위에 들마다, 언덕마다, 산골짝마다, 푸르고 씩씩하고, 우람찬 기풍(氣風)을 골고루 펼쳐다고.

《세대》1971년 9월

낙엽과의 대화

내가 낙엽을 유심히 바라보게 되는 것도 근래의 일이다.
아마 나도 낙엽과 같이 떨어질 날이 가까워오기 때문인가 보다.
봄이면 나뭇가지의 움이 새로 터져 나오고, 여름엔 새파랗게 피어서 싱싱하게 나부끼다가, 가을엔 으레 떨어지는 것이 낙엽인 줄만 여겨왔다.
내가 젊었을 때에는 활발하게 움직였기 때문인지 시간에 대한 관심이 적어서 그랬던지, 움이 자라고, 이파리가 나부끼고, 누런 물이 들어서 나중에는 떨어지는 것을 대수롭게 생각지도 않았다.
그러나 요사이는 웬일인지 낙엽이 떨어지는 것을 볼 때마다 어딘가 쓸쓸하고 서글픈 생각이 나의 가슴속에 엉기는 것 같다.
한 이파리의 잎이 떨어지는 것은, 시간으로 따져보면 1년이 채 넘어가지 못한 것이라고 생각이 되지만, 이파리 자체로서 따지면 일생의 세월이요, 또한 영원한 하나의 죽음인 것이다.

일주일에 한 번씩, 매 금요일마다 아침 일찍이 고속버스를 타고 대구 효성여대에 강의를 나간다.
두 시간에 가고, 두 시간에 오는 짧은 버스여행은 나에게 잠시라도 자연과 대할 수 있는 기쁨을 주는 것이다.
봄에는 파아란 움이 돋아나오는 못자리를 보면서 새 생명의 싱싱한 모습을 볼 수도 있고, 여름엔 하얀 찔레꽃들과 아카시아꽃들의 화사한 모양도 나의 눈을 즐겁게 해준다.

요사이는 논마다 누런 나락을 베어서 낟가리들을 쌓아놓았고, 그 푸르고 싱싱한 포플러, 플라타너스, 또한 은행나무들의 잎들이 온통 황금빛으로 물들어버렸다.

식어버린 가을바람의 재주인가, 누구의 손으로 그 많은 나무의 잎들을 찬 이슬과 서리로써 황금빛의 도금을 하였단 말인가.

영천을 지나는 길가에 서 있는 키가 크고 잎이 무성한 황금빛의 은행나무를 보고, 나는 황홀할 지경이어서 버스가 가까이 접근해서 달리는 대로 두 눈을 깜박이지 않고 자세히 바라보았다.

한 이파리 한 이파리가 다 황금빛의 꽃송이들같이 반짝거렸다.

그보다도 그 큰 나무 하나 전체가 한 송이로 빛나는 커다란 황금의 꽃송이로 보였다. 참으로 아름답고, 장엄한 하나의 커다란 꽃송이였다.

강의를 끝내고 늦은 오후에, 나는 캠퍼스 한편에 서 있는 은행나무를 찾아나갔다.

여학생 둘이 먼저 와서 황금 같은 은행잎들을 줍고 있었다.

"참으로 곱지, 그것들을 주워서 뭘 하노?"

나는 웃으면서 은행잎 하나를 집어들었다.

"선생님은 무얼 하실래요?"

여학생 하나가 웃으면서 대답을 했다.

"응, 하도 고와서 책갈피 속에 넣고 보려고."

"전, 연애편지 속에 넣을래요!"

"그것 참 좋지! 은행잎이 황금빛이 되었으니까 금혼식까지 살자는 표도 되고."

"선생님은 언제 금혼식 때가 되지요?"

"아직 멀었어, 13년쯤 더 살아야 돼."

"하하하."

우리 셋은 모두 크게 웃었다.

여학생들이 집어주는 깨끗하고 고운 은행잎들을 책갈피 속에 집어넣고 집으로 돌아왔다.

돌아올 때 또 영천을 지났으나 밤이 어두워서 은행잎들을 다시 보지 못했다.

그 다음 주일, 다시 학교에 갔을 때에는 그 많던 플라타너스 잎들이 말라서 거의 다 떨어져 있었다.

한 주일이라는 시간의 흐름이 이렇게 많은 변화 가져왔나 하고 놀라지 않을 수 없었다.

그 파아랗던 큰 이파리들이 떨어져서 쪼그라지고 누르께한 모양을 한참 바라보다가 이파리 하나를 집어 들었다.

가벼운 담배의 아래쪽의 이파리같이 누렇게 멍이 들어서 쪼그라졌다. 그러나 벌레 같은 것이 먹어서 병든 흔적이나 바늘구멍만 한 구멍 하나 뚫려져 있지 않았다.

나는 그것을 들고 자꾸만 들여다보면서 몇 발자국 걸어왔다.

'그 크고, 넓고, 싱싱하던 너의 얼굴이 어찌 이렇게 빛을 잃고, 까맣고, 쭈그러졌을꼬! 봄철에서 가을철까지만 살아온 너의 생명이. 세상의 모든 생명은 시간적 숙명을 갖고 살아가야만 하나…….'

나는 낙엽을 들고 오면서 이러한 이야기를 마음속으로 되풀이했다.

아무 소리도 없이 떨어졌던 낙엽이 또한 죽어서 말라버리고, 이젠 바람에 너풀거리지도 못하고, 파르락 소리도 낼 수가 없다.

'그래도 나는 나의 생명을 다하면서 나의 사명과 본분을 다 이루었소.'

나는 나뭇가지 위에 붙어 있었던 잎새의 긴 줄거리의 끝부분에서 반원형의 움쑥 들어간 구멍을 발견할 수 있었고 이 구멍에서 이런 소리를 듣는 것 같았다.

어떻게 해서 줄거리 끝에 이러한 구멍이 생겼을까 하고 생각하던 끝에, 나는 아직까지 나뭇가지에서 떨어지지 않은 잎새 하나를 따보았다.

다시 한 번 이 잎새의 줄거리 끝에서 동그랗게 뚫어진 구멍을 볼 수 있었다.

그래서 그 구멍이 왜 뚫어졌을까 하고 그 줄거리가 붙었던 나뭇가지의 위를 살

펴보았다.

거기에는 샛노란 하나의 새 움이 누에의 번데기같이 가지 위에 붙어서 엎디어 있었다.

'아, 내년 봄을 맞이하여서 새로이 피어나올 새 생명을 감싸서 키우느라고 그렇게 뚫어진 구멍의 흔적을 가졌구나!'

나는 감탄을 하면서 낙엽의 줄거리에 뚫려진 구멍과 가지 위에 번데기같이 붙어 있는 새 움을 번갈아가면서 들여다보았다.

'나도 오는 봄에는 새파란 푸름과 싱싱한 내음 속에서 8월의 태양을 맞이할 꿈을 꾸고 있어요.'

새 움은 나를 향해서 이렇게 소곤거리고 있는 것 같았다.

'자연만을 즐기고 사는 나뭇잎들은 저렇게 싱싱하고, 깨끗한데 왜 우리는 병이 들어서 죽어야 하나. 또한 우리의 자손들은 기형아나 정신박약아들이 많고, 그나마 산아제한을 하면서도 제한된 숙명의 시간도 채 못 살고 굶어서 죽어야 하나?'

말도, 소리도 없이 이루어진 낙엽과 나와의 대화는 나의 가슴속에 오래 머물러 있었다.

《수필문학》 1975년 1월

『한국대표수필문학전집 5』, 을유문화사, 1975

봄이 오면

봄이 오면 나는 들판으로 나간다.

작은 산골짜기들로부터 졸졸 흘러내리는 외줄기 샘물소리가 그렇게도 아름답기 때문이다.

마치 갓난애의 손가락같이 보드러운 감촉을 느끼게 하는 그 새맑은 소리다.

희다 못해 수은빛같이 새파아란 빛을 띠고, 파아란 새 풀잎사귀 사이로 고불고불 흘러내리는 모양은 무엇에다 비할 수 있을까.

밤사이에 뻗어 나오는 물외와 수박의 넝쿨같이 그렇게 순스럽고, 새맑고, 깨끗하기만 하다.

누런 잔디밭 위에 가만히 앉아서 고개를 숙이고 내려다보면, 8호 풍경화의 화폭만 한 좁은 자리 속에서도 무수한 자연의 영상(影像)들을 찾을 수 있다.

빽빽이 둘러싸인 누런 잔디 속에서 새파란 새 움들이 뾰죽뾰죽 솟아나오는 것들도 신비스럽지만, 그 틈바구니 속에다 뿌리를 박고, 어느새 먼저 피어나온 할미꽃 한 송이를 발견할 때 나는 얼었던 가슴 속이 활짝 풀리고, 삶의 법열을 느낄 수 있는, 희망의 힘찬 봄을 발견한다.

누가 이렇게 억세게 자라나고, 곱게 피어난 꽃을 할미꽃이라고 불렀던가, 이상하게 생각이 된다.

수줍은 듯이, 기다란 고개를 숙인 것이요, 허리를 굽힌 것이 아니고, 누구보다도 먼저 세상에 얼굴을 나타내기가 수줍어서 얼굴을 붉히다 못해 짙은 보라색을 하였거늘, 그를 차라리 작은 처녀의 꽃이라고 불러야 할 것이 아닌가.

그 길고 반달과 같이 반원을 그린 매끈한 목의 곡선은 학의 목에서도 찾아볼 수 없는 고아함이 있지 않는가.

솜털같이 빛나는 아롱진 윤기가 흐르고 있지 않는가.

자연 그대로의 순스러움의 아름다움이 아니고 무엇인가.

이렇게 새 움들과 새 꽃이 피어나는 잔디 풀 속에는 한 마리의 큰 개미가 탐험가인 듯이 두리번두리번 걸어가고 있다.

8호 풍경화의 화폭만 한 좁은 지면(地面)에도 봄의 숨결이 차고 넘치는 것 같다.

멀리 바라보이는 보리밭 위에는 한 쌍의 노고지리가 뽀르릉뽀르릉 날며 봄노래를 부르고, 색옷을 입은 처녀애들이 나물을 캐고 있는 모양이 바라다보인다.

봄이 오면 나는 해변가로 나간다.

연분홍 복숭아빛 같은 태양도 보고 싶지만, 힘차게 밀려들어오고 나가는 봄 바다의 물결이 보고 싶어서다.

바다도 봄을 맞은 양 숨결을 높여 소리를 치며 밀려나오고, 밀려들어간다.

물결이 밀려왔다가 돌아나간 백사장 위에는 물거품이 선을 그리어놓는다.

송아지 입에서 흘러내리는 듯한 물거품들이 백사장 위에 수없이 그리어진다.

검푸르던 겨울의 바다도 풀색의 봄빛을 맞아 가슴 속이 후련한 듯이 물거품을 흘리며 새김질을 하기가 바쁜 거다.

어젯밤, 세찬 물결의 넋두리에 커다란 홍합들이 얕은 물에 밀려나왔다.

세 명의 어린 처녀애들이 다투어가며 홍합을 찾아내기가 바쁘다. 한 개에 오십 원짜리 커다란 홍합들이다.

홍합의 빨간 피와 같은 조개국물을 그대로 날로 마시면 정력에 좋다는 귀한 조개다.

걷어올린 처녀애들의 가는 종아리들도 빨갛고, 손도, 얼굴도 다 홍합 속같이 빨갛다.

"얘들아, 여기 큰 놈이 하나 있다."

처녀 하나가 뛰어와서 주워들고 나에게 준다.

"너, 가져라!"

"아니에요, 이걸 자셔 보세요, 십 년은 젊어져요."

"그래, 고맙군."

나도 웃고, 처녀애들도 크게 웃었다.

나는 야구공만 한 홍합을 손에 들고 이리저리 굴려 보면서, 바닷가에 젖은 모래밭을 사뿐사뿐 걸어갔다.

고개를 들어 멀리 수평선을 내어다본다.

어선들이 둘러서 있는 한바다 위에는 흰 갈매기들이 떠돌고 있다.

봄이 오면 나는 밤에 창문을 열어놓고 잔다.

멀리 들 밖의 보리밭에서 풍겨오는 내음도 좋지만, 하늘 높이서 반짝이는 작은 별들을 바라보기 위함이다.

또한, 가끔 가다가, 꿈결에서 들려오는 듯한 이름 모를 새들의 노래를 듣기 위함이다.

가만히 숨을 죽이고 누워 있으면, 머리털같이 가늘은 새들의 노래가 귀에 들어온다.

눈을 크게 뜨고 하늘을 쳐다보면 작은 별들 사이로 새들의 검은 그림자들이 지나가는 것이 역력히 보인다.

이런 새들의 그림자는 봄 하늘에서도 볼 수 있고, 또한 가을 하늘 위에서도 볼 수가 있다.

이들은 봄에는 오고, 가을에는 돌아가는 철새들이기 때문이다.

이런 철새들이 지나가는 검은 그림자를 볼 때마다 나는 인생이 흘러가는 것 같은 인생의 향수를 아니 느낄 수가 없다.

차라리 나도 저 철새들과 같이 새로운 땅을 찾아다니면서 자유롭게 살았으면 얼마나 좋을까.

《월간 중앙》 1975년 3월호

직관력(直觀力)과 영감(靈感)

모든 예술작품에는 주제가 담겨져 있다.

한 편의 소설이나 시는 물론이고, 한 폭의 그림이나, 조각작품, 또는 한 가락의 음악작곡도 다 그 주제를 생명으로 해서 이루어진 것이다.

정해진 주제나 혹은 주어진 주제를 표현하기 위해서는 우리는 올바른 소재를 탐구하기에 노력하지 않으면 안 된다.

그러나 우리는 흔히 어떤 사물을 관찰하면서 직관력((intuitive power)을 통해 영감(inspiration)을 얻게 되는 것이고, 이 영감에서 하나의 귀중한 주제를 표현하고 싶은 충동을 얻게 되는 것이 하나의 자연발생적인 과정이라고 생각한다.

영감을 통해서 얻어진 주제라고 할지라도 그것을 표현하기 위해서는 그것의 적당한 소재가 필요한 것이고, 잘 살피기 위해서는 문장 작성을 위한 여러 가지의 예술적 노고가 필요할 것이다.

또한 정해진 주제를 잘 표현하기 위해서는 소재의 탐구에 오랜 시간을 보내며 관찰과 이해를 얻기에 노고를 해야 할 것이다.

나의 경험에 의하면 「나무」를 쓰는 데 5년, 「보리」 3년, 「석류」 2년, 「코스모스」 2년 등의 시간을 경과하며 관찰한 뒤에 붓을 들었던 일이 있다.

직관력과 영감에서 얻은 주제들을 메모해 적어 두고 가끔 그 주제들에 대한 소재를 연구하여 그것들을 표현할 수 있는 구상이 다 익었다고 생각이 될 때에 비로소 붓을 들게 되는 것이다.

　이렇게 해서 써 놓은 작품도 완전한 것이 되기가 쉽지 않은 것이다.

　수필에는 고정된 형식이 없다고 하지만 붓이 가는 대로 제멋대로 쓴다고 하면 그것은 잡문이 될 것이고 문학적인 작품이 될 수는 없을 것이다.

　'글은 사람이다'라는 말이 있듯이 문장은 글 쓰는 사람의 성격을 닮겠지만, 그 내용에는 글 쓰는 사람의 사고와 철학이 내포되고 있다고 할 것이다.

　그렇다면 글 쓰는 사람은 항상 그의 작품의 주제를 그의 인생관이나 철학적인 사색에서 선택하게 될 것이라고 생각한다.

　인생의 3대 요소를 진(眞), 선(善), 미(美)라고 하지만 나는 항상 나의 주제를 미(美)에서 찾아보려고 노력한다.

　시인 키츠는,

　　　　진(眞)은 미(美)요,
　　　　미(美)는 진(眞)이다.

　이러한 시구를 읊었다.

　추악한 이 현실 세상에서나마 나는 아름다움을 애써 찾고 싶다. 가짜와 거짓이 많은 이 세상에서의 참됨을 찾고 싶다.

　참됨이 없이는 우리가 참된 인간대열에 참석할 수 없기 때문이다.

　넓게 말해서 나의 작품들의 주제들은 '미(美)'와 '진(眞)'에 두고 싶다고 말하고 싶다.

《한국수필》 1975년 가을호

흰 목련

　목련(木蓮)이라는 말은 들은 지는 오래되었지마는 목련이 어떻게 생겼는지는 그림에서도 본 적이 없었다.
　나무에서 연(蓮)꽃이 피는 것을 목련이라고 하나 하고 느꼈을 뿐, 굳이 찾아보려고 애쓰지도 않고 있었다.
　그러나 내가 우연한 기회에 처음으로 목련을 보고 알아내게 된 것은 사십이 훨씬 넘어서의 일이었다.
　경북 송라(松羅)에 있는 보경사(寶鏡寺)를 처음으로 찾았을 때의 일이었다. 보경사의 대웅전으로 들어가는 커다란 문 안으로 들어서자, 거의 아름드리나 되는 큰 나무에 진한 자줏빛 꽃들이 여기저기 피어 있었다.
　두 길이 넘은 큰 나무에 이렇게 크고 아름다운 꽃들이 필 수가 있나 하고 생각하자, 그것이 목련인 것을 남에게 묻지 않고도 곧 알 수가 있었다.
　거의 연꽃만큼 크기도 하지만 연꽃같이 종긋이 서 있는 자세였다. 어쩌면 두부 장수의 손종을 거꾸로 세워 놓은 듯한 모양 같기도 하였다.
　갈피갈피 겹쳐서 펼쳐진 꽃잎들을 들여다보면 옥수수 이삭을 쪼개서 펼친 듯한 모양이기도 했다.

　그 다음으로 이 아름다운 자줏빛 목련을 다시 또 보게 된 것은 경주에 있는 고속버스 정류장 옆의 어떤 사가(私家)의 안뜰에서 바라볼 수 있었다.
　그러나 내가 처음으로 흰 목련을 볼 수 있는 것은 대구 효성여대의 캠퍼스에서였다.

삼 년 전 처음으로 흰 목련을 바라보았을 때에는 그리 신기하게 여기지 않고, 색이 흴 뿐이라고만 생각하였다.

그러나 금년 봄엔, 웬일인지 흰 목련이 나의 눈을 더없이 기쁘게 해 주었다.

캠퍼스 안에 여기저기 서 있는 수십 그루의 흰 목련들이 꽃망울들을 쫑긋이 세우기 시작한 것이 사월 초였다.

한 주일이 지나서 다시 캠퍼스 안에 들어섰을 땐, 웬 학(鶴)의 떼들이 나무 위에 내려앉았나 하고 놀랄 지경이었다.

흰 학의 구부러진 목과 같이 흰 목련의 꽃봉오리들이 한 쪽으로 기울어져서 터져 나오고 있었다.

학의 목과 같이 우아하고, 고아하고, 깨끗하고, 순스럽고, 아름답고.

흰 옷을 좋아하는 우리들의 마음을 기쁘게 해 주기도 하고, 청초한 과부의 흰 옷자락같이 외롭기도 하고.

그 다음 주일에 다시 캠퍼스에 들어섰을 때에는, 언제 때아닌 흰 함박눈이 나뭇가지 위에 소복이 내려앉았나 하고, 그 황홀한 광경과 화사한 모양에 나의 눈이 사로잡힐 지경이었다.

강의 시간에도 흰 목련의 고아한 자세가 눈앞에서 떠나지 않았다.

감탄 속에서 피어나는 연꽃도 곱듯이 나무 위에서 신선한 대기(大氣)를 숨 쉬고 피어난 목련은 천사의 옷깃같이 깨끗하고, 성스럽고, 더욱 더 고왔다.

강의가 끝나고 나올 때에는 한 줄기 세찬 꽃샘바람에 꽃이파리 하나가 떨어져서 흰 나비마냥 훨훨 날아가다가 새로 자라나온 푸른 잔디 위에 내려앉았다.

금년 봄엔 비로소 흰 목련이 곱다는 것을 처음으로 느껴볼 수가 있었다.

학의 목과 같이 고아한 꽃봉오리, 흰 눈과 같이 맑고 깨끗한 자세, 하늘에 날아다니는 흰 나비와 같은 꽃이파리, 흰 옥수수를 벗겨놓은 듯한 꽃송이, 연못에 떠있는 연꽃같이 나뭇가지 위에 앉아있는 자세, 어쩌다 보면 두부장수의 손종이 거꾸로 세워진 것 같은 모양이 하도 아름답기만 했다.

  나는 또 한 번 목련의 아름다운 자태를 반기며, 그 희고 보드라운 꽃이파리들을 손가락으로 만져 보았다.
  무엇이라고 말할 수 없는 어떤 향내가 코를 통해서 나의 가슴 속 깊이 스며드는 것 같았다.

『수필 23인집』 경북수필동인회 편, 1975

충무(忠武)에 보내는 편지

아산 선생,

보내주신 친절한 편지와 기념사진은 모두 반가이 받았습니다.

벌써부터 충무를 한번 다녀오고 싶은 마음만은 여러 번 가졌으나, 웬일인지 남해에 따로이 떨어져 있어서 좀처럼 그리로 발길이 돌아서지 않더군요.

수년 전에 일주일간 호남을 한 바퀴 돌아올 때, 여수와 완도를 두루 구경하면서 다도해에 바둑돌같이 깔려 있는 섬들의 아름다운 모습에 몹시 취하기도 했었지요.

남해에 놓인 섬들 중에서 어쩐지 나는 한산도가 그리웠습니다. 이렇게 늘 충무를 그리워하던 참에 충무에서 수필가이고 의사이신 빈남수 박사께서 이곳 포항으로 이사를 하게 되어서 충무에 대해서 더 많은 얘기를 하게 되고 가보고 싶은 마음이 더욱 간절하게 되었오.

주말에 충무에 있는 수향(水鄕) 수필문학동인회의 월례회가 열리는데 같이 참석하도록 하자고 빈 박사께서 권유하기에 쾌히 동의하고 충무행의 꿈을 실현할 수 있는 좋은 기회를 얻게 된 것입니다. 늘 모여서 회음(會飮)을 하는 작가 손춘익 씨도 같이 가기로 해서 삼인 동반의 즐거운 여행을 할 수 있었습니다.

부산에서 오후 2시 50분에 출발하는 쾌속선 '엔젤'호를 타면 충무에 5시 반에 도착한다고 약속하였기 때문에 포항에서 오전 11시 반에 버스로 출발했었지요. 부산에는 예정대로 2시 반경에 도착하였으나 주말이라 '엔젤'호는 정원의 표가 다 팔렸다고 해서 탈 수 없게 된 것입니다.

제때 출발하는 버스가 없어서 마산까지 택시로 가고, 마산에서 점심을 먹고 또 곧 버스가 없어서 택시로 충무에 도착한 것이 5시, '엔젤'호보다 더 빨리 가게 된 것이 다행이었습니다.

선창가 2층 다방에서 호수와 같은 고요한 바다를 내다보았으나 날이 흐리고 황혼녘이 되어서 좋은 전망을 가질 수 없었습니다. 창문 위로 훨훨 날아오른 갈매기들의 날개가 나를 반겨주는 듯 즐거웠습니다.
"남해의 물도 동해와 같이 맑은가요?"
남해의 흐린 물을 보고 동해의 맑은 물을 봐왔기 때문에 이렇게 물었더니 김 교수께서
"남해도 맑습니다. 남해는 여성의 바다요, 동해는 남성의 바다라고 하지요."
라고 대답했습니다.
나는 무슨 뜻인지 묻지를 않았으나 이튿날 '엔젤'호를 타고 오면서 그 뜻을 다시 생각해보았습니다.
호수와 같이 고요한 내해의 물결을 가르며 지나갈 때 그 물빛이 동해만큼 맑지 않다고 느꼈습니다. "남해는 여성적이다"라는 말은 거제도와 한산도와 또한 이름 없는 무수한 무인도를 둘러싼 호수와 같이 아름다운 내해를 두고 하는 뜻인 것 같다고 생각했지요.
동해는 깊고 또한 푸르고 맑지만 남해와 같이 섬이 많지 않은 것이 흠과 같습니다. 그러나 수없이 많은 절벽과 기암괴석이 바닷가에 깔려 있는 것이 또 하나의 절경이라고 할 수 있지요.

이튿날, 깨끗하고 새뜻한 용화사를 찾아 40도의 미륵산 언덕을 반 시간이나 올라가서 내려다보던 충무시는 참으로 아름다웠습니다. 산과 숲과 물의 동양화를 배경으로 하고, 서양화의 정물과 같이 흰색, 파란색, 빨간색들의 작은 집들이 옹기종

기 모여 앉은 모양과 돛대로 숲을 이루고 있는 작은 배들이 파아란 물 위에 떠 있는 모양은 흡사 세잔의 8호 풍경화와 같이 아름다웠습니다. '동양의 나폴리'라고 불러도 좋고, '한려수도'의 고향인 '수향(水鄕)'이라고 불러도 조금도 손색이 없는 하나의 작은 항도로서 신비스럽기만 하다고 생각하였습니다.

이렇게 아름다운 자연의 신비경(神祕境)을 갖고 있는 이 항도(港都)에서 아름다운 예술가들이 많이 생겨난 것은 당연한 일이 아니겠습니까. 참으로 충무는 아름다웠고 또한 여러 분의 따뜻한 인정과 함께, 또한 충무공의 나라 사랑하는 정열의 숨결이 차고 넘치고 있는 느낌을 가슴속 깊이 숨 쉴 수 있었습니다.

충무에 대한 이야기는 끝이 없겠으나 오늘은 여기서 줄이기로 하고 하겠습니다. 아산 선생의 편지에 "한 그루의 나무를 대하심에 지극하신 겸손으로 노목을 우러러보시면서 인간의 연약함과 자연의 웅대함을 밝혀주셨습니다. 짧은 시간이었으나 선생님을 모시게 된 것을 저희들은 그 은혜로움을 두고두고 잊지 못할 것입니다." 이렇게 저를 뜨겁게 환대해주신 것을 여러분에게 감사히 생각하오며 다시 또 여러 번 찾아갈 기회를 갖고 싶습니다.

"산천초목이 저마다의 향기와 꽃을 피우듯이 사람도 저마다의 향기를 갖고 있는 것이 아닐까 하는 생각을 해봅니다. 아픈 세월을 갈고닦으면 그만한 인간의 향기를 내품게 되는 것일 거라고 믿어봅니다. 선생님은 분명히 향기로운 소나무 향기를 피우고 계십니다. 훈훈한 인간의 향기야말로 수필의 정수가 아닐까 하는 외람된 생각도 해봅니다."

이러한 아산 선생의 편지 구절은 좋은 수필의 한 절과 같습니다. 늘 서로 격려할 기회를 가짐으로써 인정 어린 향기를 피울 수 있는 인간이 되도록 힘써 봅시다. 여러 분에게 안부를 전해주시고 늘 건안하시기를 기원합니다.

1976. 4. 26
포항에서 한흑구 드림

《한국수필》 1976년 12월

오십천(五十川)을 찾아

포항에서 북으로 90리를 올라가면 오십천(五十川)이 동해로 흘러내리는 강구(江口)가 있고, 강구에서 약 6킬로미터 더 올라가면 오십천 가에 영덕(盈德)이 있다.

영덕에는 군청이 있고, 법원이 있고, 교육청이 있어서 동해변의 문화중심지라고 불리는 곳이기도 하다.

8·15 다음날인 16일 방공훈련이 끝난 11시 버스를 타고 영덕으로 향했다. 〈동해남부선 문학동인회〉의 임시총회의 모임이 있기 때문이었다.

버스가 시외로 나가서 흥해(興海) 고개로 들어서자, 아직 포장을 하지 않은 옛 신작로라 허리가 아플 정도로 출렁대고, 까불고, 길 좌우에 먼지를 뒤집어 덮었다.

길 좌우에 서있는 소나무들은 먼지에 들썩워서 불에 거슬려 오른 듯이 빨갛다.

푸른색을 잃은 소나무는 무슨 절개가 있을까. 참으로 딱하고 보기가 좋지 않았다.

버스가 흥해를 지나고 긴 고개를 넘어서자 오리나무 숲이 늘어선 것이 보였다.

삼 년 전에 1미터 정도의 오리나무들이 5미터 정도나 자라서 그 진한 푸른색을 서늘하게 빛내고 섰다.

청하(淸河) 장거리를 지나서 보경사(寶鏡寺)로 들어가는 송라(松羅)를 지나가니 오른편 솔숲 사이로 시원한 동해가 내어다보였다.

여기서부터 길은 해안선을 좇아서 오불꼬불 휘돌기도 하고, 바위고개를 넘는 듯이 전후좌우로 까불어댔다.

위장이 좋지 않은 나에게는 좋은 운동기계라도 탄 듯이 기분이 나쁘지 않았다.

맑고 파아란 동해를 바라만 보아도 더위를 잊을 수 있는데 작은 점들과 같은 바위들 틈에서 전복과 해조(海藻)를 따는 해녀들이 하얀 두 다리를 곤두세우고 잠수를 하고 있는 모습이 더없이 시원했다.

해변 언덕 위에 일구어 놓은 콩밭, 팥밭에는 수수와 옥수수들을 몇 이랑에 한 줄씩 간작(間作)을 하기도 했고, 밭둑 위에는 몇 줄씩 밀작(密作)을 하기도 했다.

밭이 많은 이북에서도 이런 식으로 하는 것을 보았지만, 이남에서는 보기 드문 일이고 이곳에서 처음으로 보았다.

돌아올 때 다시 보아서 그 뜻을 알 수 있었다. 해변가라 바람이 세차게 불기 때문에 과수원의 방풍림처럼 바람을 막기 위해서, 높이 자라서 바람을 막을 수 있는 수수와 옥수수를 밭 변두리에 밀작한 것임이 틀림없어 보였다.

해안에는 보초선(步哨線)이 그어져 있었고, 보초병들도 간간히 눈에 띄었다.

강구가 가까운 어떤 해안의 보초소의 작은 막사는 굵은 밧줄로 허리를 둘러매었고, 밧줄의 한 끝은 바다에 있는 큰 바위에 붙들어 매어져 있었다.

바위가 물위에 떠내려갈까 봐 붙들어 매었는지, 또는 막사가 바람에 떠날려 갈까 봐 붙들어 매었는지 갑자기 더운 머리에 분간이 가지 않았다. 바위의 크기와 막사의 크기가 꼭 같기 때문이어서 이런 착각도 생겼는지, 무더위에는 머리도 잘 돌지 않는 모양이다.

버스가 강구까지 오는 데 1시간 20분, 영덕까지 또 20분 합해서 1시간 40분이 걸렸다.

내가 여기까지 오는 동안에 눈여겨본 것은 마을마다 TV안테나가 얼마나 많이 섰는가 알아보는 일이었다.

농촌보다 어촌사람들이 더 잘 사는지 비교적 집들도 농촌보다 어촌이 더 좋았고, TV안테나도 더 많았다.

고속버스로 농촌을 지나면서 바라보면, 농촌에는 백 집이 사는 동리에 TV안테나 두서너 개가 서있는 동리가 많지 않았다.

그러나 어촌을 지나면서 보니까 열 집에 하나 정도는 서있었고, 강구나 영덕 같은 큰 고을에는 다섯 집에 하나 정도가 서있는 것 같았다.

우리나라에 TV 수가 1백80만 대가 된다 하니 적지 않은 숫자이지만 어서 빨리 농어촌에도 집집마다 하나씩 서있었으면 하고 기원했다.

오후 두 시 청운다실에서 모인 문학동인은 회원의 반수인 8명이었다.

회원은 울산에 3명, 경주에 6명, 포항에 4명, 영덕에 3명, 모두 16명인데, 그 반수인 8명만이 참석하였다. 거의 교육자들이라, 방학 중에도 교무에 바쁜 때문이었다.

회의 장소는 무둔산 절벽 아래로 흐르는 오십천 갯강변 자갈밭에 천막을 치고 노는 장소를 만들었다.

영덕에 사는 회원들에게서 오십천에 대한 이야기를 들어보았다.

오십천의 옛 이름은 '쉰내'이고, 쉰 개의 골짜기에서 흘러내리는 갯물이어서 '쉰내', 오십천이라고 불리어졌다는 것이다.

그 근원은 청송(靑松)군과 영덕군 사이에 서있는 주왕산(周王山)과 팔각산(八角山)이라고 했다. 동해로 흘러내리는 강은 산형(山形)이 높은 곳이어서 그 수가 적지마는, 돌 틈에서 흘러내리는 물이어서 한없이 맑고 차다.

임금님에게 진상하던 은어가 사철 살고 있는 오십천은 연어의 산란지로도 유명하다. 여기서 부화되고 자란 유어(幼魚)들이 멀리 알래스카까지 회유(廻遊)한다고 한다.

몇 년 전에 수산청 연어부화장이 생겼다.

우리 문우들은 은어회와 은어튀김을 소주와 함께 마음껏 즐기면서, 해가 지고 달이 떠오를 때까지 맑고 찬 물속에서 하루의 더위를 잊을 수 있었다.

《월간 중앙》 1975년 10월

미당 형에게

미당(未堂) 형!

참 오랜만입니다. 모두들 안녕하시지요. 얼마 전 정석(井石)[1] 씨가 서울 갔던 길에 형을 만나 뵙고 와서 형의 소식을 전해주었습니다. 건강은 그리 좋은 편은 아니지만 약주는 조금씩 드신다고요.

형의 글은 지상에서 늘 대하고 있지만 형의 얼굴에 주름살이 얼마나 더 생겼는지 보고 싶군요. 작년엔 황순원 씨가 또 금년에는 이원수 씨가 이곳을 다녀갔는데 형의 안부를 물었더니 여전하시다고요 하십디다.

미당!

미당이 아니라 무당이지요. 시에도 신화(神化)한 무당이지만 감추어둔 술을 찾는 데는 귀신 같은 무당입니다. 사모님이 술을 못 자시게 감추어두어도 어떻게 찾아내는지 귀신같답니다. 그래서 우리는 미당을 무당이라고 부르지요.

형과 이웃에 사는 순원 씨와 원수 씨가 똑같이 이렇게 말하더군요. 그래도 술을 아직도 그렇게 즐기신다니 반가웠습니다. 술은 우리 건강의 바로미터라고 생각됩니다.

문학하는 사람들이나 예술가들이 다 술을 즐기지만 형이나 작고한 공초(空超), 광주(光洲), 지훈(芝薰), 인욱(仁旭) 들과 함께 소주를 됫병으로 마시던 시절이 그립습니다. 지금도 저는 술을 즐겨 먹습니다. 3년 전 위에 탈이 나서 십여 일 입원했을 때를 빼놓고는 늘 조금씩 마십니다. 나도 칠십 늙은이가 다 되고 보니 술이 없으면 낙이 없다던 늙은이들의 말씀을 잘 깨달아 들을 수 있군요.

미국 사람들이 술을 마시면 취해서 부르는 노래가 있지요. "위스키가 세상을 돌아가게 한다"고요. 참으로 술은 적당히 마시면 몸과 마음의 좋은 양식이 되고 약이 된다고 느껴집니다. 추울 때는 추위를 잊고, 더울 때는 더위를 잊고, 외로울 때는 좋은 친구가 되어주지요.

  술은 참으로 정직하고 거짓이 없습니다. 마시는 정도대로 속임이 없이 정직하게 대응해주니까요. 내가 술을 마다하고 저버리지만 술은 언제나 나의 소원대로 대응해주는 속임수 없는 친구입니다.

  3년 전 병원에서 퇴원한 뒤에는 소주 한 홉이나 맥주 한 병 정도밖에는 못 들었으나 지금은 위를 완전히 회복하여서 소주도 네 홉을 먹을 때가 많군요. 더구나 젊은 문우들과 술을 마시게 되면 그리 반갑지 않은 늙은이 대접을 받게 되지요. 즐겨 하는 술잔을 마다할 수도 없고. 그들은 술이 취하면 노래 돌림도 하고 시를 읊기도 합니다. 손춘익은 노래는 잘 못 부르는 편이나 그 대신 형의 「풀리는 한강가에서」를 곧잘 암송합니다.

  강물이 풀리다니
  강물은 무엇하러 또 풀리는가.
  우리들의 무슨 설움 무슨 기쁨 때문에
  강물은 또 풀리는가.

  기러기같이
  서리 묻은 섣달의 기러기같이
  하늘의 얼음장 가슴으로 깨치며
  내 한 평생을 울고가려 했더니

  무어라 강물은 다시 풀리어
  이 햇빛 이 물결을 내게 주는가.

춘익은 형의 시 첫머리 몇 연을 암송해서 박수를 받기도 합니다. 미당 형도 기억하시겠지만, 3년 전 춘익과 나, 미당 형 셋이서 어두운 미명에 일출을 보려고 택시로 구룡포 강사(江沙)라는 어촌에 갔었지요.

우리 셋은 동해 위로 눈부시게 솟아오르는 장밋빛 태양을 보면서 고요한 아침을 즐겼지요. 춘익의 처외숙 집에서 시원한 생선국으로 해장하고 대여섯 마리의 까치가 날아드는 우거진 솔밭 사이에 놓인 두 필(筆)의 파아란 보리밭이 비스듬히 놓여 있는 것을 보았지요. 그 보리밭 두 필이 300평씩이고, 한 평에 150원씩 판다고 하였지요.

"서울에는 까치가 없어. 우리 이 보리밭을 하나씩 사서 조그마한 별장을 하나씩 짓고, 만년에 바다를 바라보면서 시나 짓다가 죽어."

내가 하려던 말을 형이 먼저 하였지요.

"그것 참 좋지. 동해의 파아란 물 위에서 복숭아빛 태양을 바라보면서 산다면 얼마나 곱고 아름다울까."

내가 이렇게 대답하자 형은 더 흥미를 내고 결심한 듯이 말했지.

"한 평에 백오십 원이면 맥주 한 병 값도 안 되고, 담배 한 갑 값도 안 되지 않나. 얼마나 싼가. 꼭 사도록 춘익이 계약해주게. 그리고 한 형도 계약하고."

우리 셋은 다 좋다고 동의했고, 춘익은 처외숙이어서 계약금은 줄 필요가 없다고 했으며, 나와 둘이 그 밭을 산다고 굳게 언약을 했었지요. 그러나 형은 한 달이 지나도, 1년이 지나도 땅값을 보내지 않아서 땅을 빨리 못 팔았다고 춘익이만 원망을 들었지요. 우리는 형의 소원을 잘 이해할 수도 있었지만, 서울 생활이 얼마나 각박하고 벗어나기도 힘든다는 것을 잘 이해할 수 있었지요.

그 이듬해 봄에 나의 둘째 아들이 포항 교외에 조용하고 경치 좋은 밭이 있다고 하면서 하나 사놓았습니다. 600여 평의 작은 땅이고 15도 정도의 경사진 곳으로, 그 아래에는 만여 평의 저수지가 있어서 못가에 있는 송림 속에서는 밀화부리나 작은 산새들이 줄곧 노래를 불러서 상쾌한 곳입니다.

포항에서 20리 정도에 있는 땅이라, 한 평에 325원씩 주었는데, 2년 후인 지금에는 포항종합제철이 생기면서 땅값이 세 배나 올랐어요. 내가 살면 얼마나 더 오래 살겠는가, 별장을 짓고 나가지는 못해도 작은 오막살이라도 하나 짓고 여름철만이라도 못가의 새소리를 즐기고 싶습니다.

미당 형은 더 늙기 전에 전원으로 내려오십시오. 형도 아시겠지만, 신석정 씨의 수필 「전원으로 내려오십시오」의 이 구절을 다시 한 번 음미해 보십시오.

내가 항상 말하는 것이지만, 공기가 눈에 보이는 서울, 일월이 제 얼굴을 잃어버린 서울, 500만의 인구가 득실거리는 속에 그 무시무시한 소음에 넋을 잃어야 하는 서울. 서울은 마음에 지니고 살아가는 우리의 수도일 뿐 이젠 정붙일 수 없는 지옥 같은 고장만 같을 뿐입니다. 이런 서울에서 잘도 견디어내는 형의 건강한 정신위생이 부럽다고나 해둘까요?

아무리 생각해도 서울은 자연과 더불어 자연 속에서 살아가는 것이 아니라, 자연을 파괴하고 지옥으로 줄달음질치는 아수라의 집결체가 아닌가 생각된다면 나의 지나친 극언이라고 하실는지.

인간에 의한 자연의 파괴와 환경의 오염이 인간의 생존을 위협하고 있는 오늘, 자연을 이해하고 자연을 보호하고 자연과 융화한다는 것은 얼마나 시급한 일이겠습니까!

공장의 폐수와 더불어 오물은 한강 상수도까지 오염되었다고 하니, 참으로 듣기에도 딱한 이야기가 아닐 수 없습니다. 더구나 막대한 석탄, 석유의 소비에서 오는 대기 중의 탄산가스는 날로 그 양이 불어 그대로 축적되면 마실 산소도 몸에 지니고 다녀야 할 날이 오지 않으리라고 누가 보증하겠습니까?

서울이 아무리 오염되고 탄산가스에 숨이 막힐지언정 설마 바닷물이 넘쳐 들기야 하겠습니까마는, 빈 땅 한 군데 없이 날로 빌딩만 올라가는 서울은 어느 도시보다도 가장 오염된 도시라고 하니 답답하기 그지없습니다.

석정 씨의 이러한 말은 누구나 동감할 줄로 생각합니다.

그가 돌아가시기 전 1971년 여름방학에 호남 순례 일주 중에 잠시 전주에 있는 그의 집을 심방한 일이 있습니다. 그의 얼굴은 인자하고 겸허하고 좀 검은 편이어서 라틴계의 스페인 사람 같은 인상을 주는 시원한 사나이였습니다. 그러나 서실에서 내어 주는 차는 커피가 아니었고 인삼차였습니다.

30평쯤 되어 보이는 정원에는 여러 가지 화초가 무성하게 심어져 있었고, 특별히 눈에 뜨이는 것은 난초와 연(蓮)이었습니다. 연못은 아니었으나 시멘트를 둥글게 둘러치고 수돗물을 통하게 한 연꽃 항아리 같았습니다. 뜰이 좁아도 연못 구실을 하도록 한 것이라고 생각했습니다.

그때도 그는 "화려한 강산을 두고도 서울에서 사는 것은 불행한 일이라고 화제의 중심을 삼으면서 전주 팔경의 아름다움을 자랑하였습니다. 그와 나는 시인 최성범 씨와 함께 다가산 공원에 세워진 가람시비를 묵시하고 돌아오는 길에 맥주를 몇 병 마셨습니다.

미당 형도 고향에 땅을 사신다는 말을 들었는데 어서 자연을 찾아서 낙향하십시오. 석정 씨의 말과 같이 우리의 강산은 극히 아름답고 아직도 오염되지 않은 곳이 많습니다. 바닷가를 거닐고 있으면 흰 물결이 춤을 벌이며 반기어서 부르는 것 같기도 하고, 들 밖에 나가면 벼 향기가 가슴과 머릿속을 후련하게 합니다. 비로소 인간의 비극을 잊을 수도 있고, 삶의 신비와 법열을 느낄 수도 있습니다.

형은 매일같이 대학에 강의도 나가고 원고를 쓰는 생활을 하고 계시는데 괴롭고 권태로운 시간을 보낼 때가 많은 것으로 믿습니다. 아일랜드의 시인 예이츠(W. B. Yeats)도 런던에서 대도시의 오염된 공기와 소음의 생활에 지쳐서 고향인 예이츠로 돌아갔지 않았습니까.

그가 고향에 있는 친구에게 낙향하는 편지를 썼는데 이런 구절이 있었습니다.

> 나는 하루빨리 나의 향수와 망향심(望鄕心)의 신병(身病)을 고치기 위해서 고향으로 가겠네. 친구는 나를 기쁘게 맞아줄 줄 믿네.
> 이 편지가 더러운 런던의 오염된 거리를 빠져서 빨리 배달부의 배낭 속에 들어서 춤을 추며, 시원한 벌판을 달려서, 친구에게 찾아갈 것을 부럽게 생각하네.

그는 이런 편지를 쓰고 런던을 떠날 때 유명한 시 「호수의 섬 이니스프리(The Lake Isle of Innisfree)」를 쓰지 않았습니까.

나는 일어나 가리라, 이니스프리로.
거기에 작은 오두막집을 짓고
아홉 이랑에 콩도 심어놓고
꿀벌이통도 하나 놓고
벌떼 요란한 숲속에서
나는 혼자만이 살아가리라.

거기에서 나는 평화를 찾게 되고
차차 나의 마음이 가라앉고
아침 해가 솟아오르는 때부터
귀뚜라미 우는 밤중까지
나의 마음은 평화를 찾을 게다.
희미한 빛이 빛나는 대낮이나
홍방울새들의 날개로 채우는 저녁이나.

나는 지금 일어나 가리라,

나는 밤낮으로 호숫물이 늘 호숫가를 시쳐주는

낮은 물결소리를 들으리라,

내가 길가에 서있을 때나

회색의 포도(鋪道) 위에 서 있을 때에도

나는 나의 마음속 깊이까지

그 호숫물 소리를 들으리라.

미당 형.

위의 시를 읽으시고도 서울을 뛰쳐나오고 싶은 생각은 안 나십니까. 미국과 같이 고도의 문명생활을 하고 있는 나라에서도 모든 문학자들이 거의 다 전원이나 소도시에 살고 있었습니다. 대표적인 시인들 가운데도 보스톤 교외에 살던 아미 로웰, 로버트 프로스트(Robert Frost), 에즈라 파운더(Ezra Pound), 시카고 근방에 살던 칼 샌드버그(Carl Sandburg), 배쉘 린드세이, 해리엇 몬로. 캠든의 소도시에서 살던 월트 휘트먼, 노벨 수상자급인 소설가들 헤밍웨이, 싱클레어 루이스, 의리남 포크너, 존 스타인벡은 캘리포니아의 작은 목장촌인 사리나에서 살고 있습니다.

물론 우리의 살림살이, 특히 문학인들의 생활이 그리 여유가 없기 때문에 직장 문제도 있고 해서 할 수 없이 서울의 부조리 속에서 살아가는 줄 압니다. 그러나 문화의 발달을 서울 중심주의로 해가는 것은 옳다고 할 수 없습니다. 문화운동을 지방으로 널리 보급해야 한다고 생각합니다.

진정한 민주주의는 온 백성의 민주정신의 총화로서만 이루어질 수 있을 것입니다. 정치, 교육, 산업 등 모든 활동이 서울 중심으로만 한다면 진정한 민주주의의 보급화를 속히 실현할 수 없을 줄 압니다.

말이 너무 길어져서 미안합니다. 언제고 한번 오셔서 전에 드시던 나이론 오징어 물회나 한 그릇 놓고 소주를 마시며 옛이야기나 나누고 싶습니다.

그럼 늘 몸조심하시고 좋은 글 많이 써주십시오.

1975. 12. 23.
포항에서 한흑구 드림

---

1) 최정석(1924~?) 대구가톨릭대 교수를 말한다.

노년이 맞이하는 일 년

노년이 맞이하는 일 년 사계절은 참으로 귀한 시간이다.

육십이 넘어서부터는 얼마 남지 않은 삶이 희망 속에서 지나간 짧은 삶이 어딘지 허망하게 생각이 되고, 새로이 꽃이 피는 봄과 모든 생명이 약동하는 싱그러운 여름과 곡식과 열매가 무르익는 가을과 모든 생물을 쉬게 하는 겨울 등의 사계(四季)의 변화를 부리는 일 년의 세월을 나는 또다시 일생을 살아가는 듯한 기분으로 맞이하게 된다.

그래서 추운 겨울이 빨리 흘러가길 기다리고 따뜻한 봄의 햇볕을 대하게 되면 또 하나의 일생을 새로이 살 수 있구나 하는 기쁨마저 느낄 수 있게 된다.

말하자면 노년의 일 년은 우리의 일생과 같은 귀한 시간이다.

서양의 철인 패닌은 이렇게 말했다.

> In youth the days are short and the years are long; in old age the years are short and the days long.

> 청춘에는 하루하루가 짧고, 한 해 한 해가 길다. 노년에는 한 해 한 해가 짧고, 하루하루가 길다.

노년인 나로서는 동감이 가는 말이다.

젊어서는 기운이 왕성하니까 하루 종일 쾌활하게 뛰놀거나, 육체적인 일을 아무리 많이 하여도 피곤하고 지루할 사이도 없이 하루의 해가 흘러가니까 짧은 것 같을 것이다. 언제 내가 늙어서 이런 기운이 쇠약해지겠는가. 만년 청년으로 젊음을 이어갈 것 같은 기분이니까 한 해 한 해 지나가는 것이 길게 여겨지고 짧음을 인식하지 못한다는 뜻이다.

그러나 노년에 들어서면 일 년도 하루같이 빠르다는 것을 인식하게 되고 또한 한탄하게 되지만, 기운이 없고 병약하므로 정신과 육체적으로 활동할 수 없게 되어 하루의 날일지라도 무위(無爲)로 보내자니 지루하고 길 수밖에 없을 것이다.

제1차 세계대전 뒤에 퍼킨스 교수가 『인생은 40으로부터』라는 책을 써서 세상의 물의를 일으키고, 제2차 세계대전 뒤에는 스미트 교수가 『인생은 60으로부터』라는 책을 써서 인간 수명에 대한 많은 흥미를 일으킨 일이 있다.

그러나 지금 평균 수명이 70이 넘는 나라도 많고, 우리나라의 평균 수명도 68세라는 것을 라디오에서 떠들어대고 있는 실정이다.

문제는 세상에 인구가 많이 늘어나서 식량 부족과 정신박약아 등의 많은 곤란도 있지만, 병약하고 무력한 노인의 인구가 늘어가는 것도 복지사회 건설 문제에 있어서 극심한 혼란을 가져오고 있는 것이 사실이다.

노인이 되어서 가장 서글픈 것은 사회에서나 가정에서 소외를 당하는 것이다. 무위(無爲)의 긴 하루를 상대자가 없이 보내기에는 인생이 너무나 지루하고 고독한 것이다. 그러나 이러한 소외감을 느끼게 하는 것은 결코 어느 상대자에게 있는 것이 아니고 자기 자신에게 있는 것이다.

그것은 단순한 문제가 아니고, 경제적인 문제와 교양 문제, 생활에 대한 성향 문제, 그리고 무엇보다 육체의 건강 문제의 여하에 따라서 해결할 수 있는 문제들이다.

경제의 여유만 있으면 80노인도 여기저기 명승고적을 관광할 수 있고, 세계 일주도 할 수 있는 시대다.

돋보기를 끼고 날마다 신문 잡지도 읽을 수 있고, 보청기를 끼고 라디오나 가정

극장인 TV도 즐길 수 있다. 무위(無爲)의 노년을 대비해야 하고, 젊은 학창시절에 온갖 운동도 많이 해서 심신을 닦아야 할 것이다.

70이 다 되어가는 나는 젊어서 나의 집과 땅과 재산과 고향마저 잃어버리고, 타향에서 늘 향수의 서러움 속에서 살고 있지만, 나는 잃었던 나의 조국을 되찾은 기쁨과 행복 속에서 더 오래 살고 싶은 희망에 차 있는 것이다. 어서 남북이 통일이 되고, 나의 고향으로 돌아가서 젊은 날에 뛰어놀던 나의 모란봉 꼭대기에 입을 맞추는 기쁨에 감격하고 싶은 것이다.

나는 아직까지 소외감을 느껴보지 못한다. 자기 스스로가 소외감을 느끼는 것은 하나의 자학행동(自虐行動)이요, 자기의 명분을 잃어버리는 일이다.

나는 나의 여생을 사랑하며, 하느님의 섭리를 좇아서 나의 명분을 지키면서, 나의 분수대로 살 수 있다면 얼마나 행복할까 하는 것이 지금 나의 노년의 심경이다.

나는 어서 봄이 오기를 초조하게 기다린다. 오늘이 바로 음력으로 섣달 그믐날이다. 즉 이 밤이 새면 내일이 구정 초하룻날이다. 그리고 음력 정월 초엿새가 입춘이니, 봄의 입김을 한 주일 뒤면 숨 쉴 수 있을 것이다.

나는 작년에도 뜰 안에 있는 화단의 빈 자리에마다 상추와 쑥갓을 심었다. 뾰족뾰족한 새파란 움들이 머리를 쳐들고 나오는 생명의 기쁨도 볼 만하지만, 매일같이 그 색을 더 푸르게 하고 자라나는 생기 있는 모양에 그윽한 창작의 기쁨을 느낄 수도 있기 때문이다. 다른 화초들이 자라나기 전에 공지에 심어 놓으면 깨끗하고 향긋한 상추쌈을 즐길 수도 있기 때문이다.

이러한 희망과 기쁨을 갖고 하루하루를 한 달과 같은 기분으로 즐기고, 봄이 가면 또 여름을 맞아서 한 철 한 철을 한 해와 같이 아끼고 즐겨서 귀한 세월을 기쁘게 보내고 싶다.

봄이 오면 산에 올라가서 소월의 시들을 실컷 노래 부르고, 여름에는 작은 못가에 가서 고요히 낚싯대를 드리우고, 산새들의 소곤거리는 노래를 조용히 즐기겠다.

 푸른 하늘이 높은 가을에는 관광도 즐기고, 내 분수대로 귀한 시간들을 보내겠다. 겨울엔 또 봄이 오기를 기다리면서 책을 즐기고, 일 년의 세월을 또 다시 일생을 살아보는 듯이 시간을 아끼고 사랑하면서 살고 싶다.

(1976. 1. 30)

《수필문학》 1976년 3월호

봄소식

봄소식은 시간을 알려주는 캘린더에서도 찾을 수 있지만 공간과 그 속에 차 있는 대기(大氣) 속에서도 느낄 수가 있다.

입춘이 지난 지 사흘째 되는 오늘의 햇볕은 봄이라는 시간을 속삭여주는지, 나의 얼굴을 따뜻하게 어루만져주는 듯이 비스듬히 흘러내린다. 생각도 해볼 사이가 없이 나의 가슴 한 복판을 봄소식으로 채워놓는다.

오랜 추위에 얼어붙었던 나의 가슴을 후련하게 녹여주고, 걸고 되직한 나의 핏줄에 새로운 생기를 넣어주는 것 같다.

아직 먼 산에 아지랑이는 끼지 않았으나 대기(大氣)에는 매섭고 찬 기운은 다 가시고 익은 레몬빛 햇볕이 눈에 아른거린다. 길가에 하늘거리는 수양버들가지들도 제법 노랗게 물들어가고, 푸른 보리밭 둑 위에는 누런 잔디의 속잎들이 파랗게 머리를 쳐드는 것이 보인다. 아침 밥상 위에 놓였던 달래와 냉잇국을 먹으면서 봄의 향기를 음미했던 것을 생각한다. 봄은 모든 생물의 생동이요, 향기인 것이다.

나는 좁은 화단 한 구석에서 상추와 쑥갓 씨들을 뿌려놓는다. 깨끗하고 향긋한 봄의 향기를 음미하고 싶은 때문이다.

바다의 얼굴 위에서도 봄빛을 찾아볼 수가 있다.

하늘에는 엷은 흰 구름으로 덮여있는데 바다의 얼굴은 초록빛을 띠고, 하얀 명주필과 같은 파도도, 춤을 추는 무희와 같이 황금색 모래판을 휘감고 출렁대고 있지 않는가.

흰 명주필과 같이 휘말려 들어오는 파도는 송아지의 입에서 흐르는 듯한 흰 물거품들을 모래판 위에 줄줄이 그어 놓는다. 찬 겨울에는 볼 수가 없었던 물거품들이 봄의 얼굴을 그리는 듯이 모래판 위를 자꾸 그어 놓는다. 그러면 봄의 입김인 듯한 가늘은 바람과, 따뜻한 햇볕이 그 무수한 물거품의 방울들을 금시에 소리도 없이 터뜨려 놓는다.

아직 발이 시릴 터인데 두 처녀애가 종아리를 걷어 올리고 물속에 들어가서 무엇인가 건지고 있다.

그들은 대구에서 온 여중학생들이고, 건지어 놓은 것은 조개껍데기들과 굴조개껍데기들이다. 대조개(맛)껍데기도 있다. 아마 그들은 바다를 처음으로 보는 모양이요, 신기한 조개껍데기들을 처음으로 만져보는 모양이다. 늘 보아서 평범하게 느껴졌던 조개껍데기들을 오늘 다시 바라보니, 나도 그 줄무늬로 수놓은 듯한 조개의 모양이 한없이 신비롭게 보인다.

"하느님은 어떻게 이런 조화를 지닌 조개껍데기들을 창조했을까."

이렇게 감탄하였다는 물리학자 뉴턴의 말이 생각난다.

바다를 즐기고, 조개껍데기를 즐기는 처녀애들의 얼굴에서도 봄소식을 찾아볼 수가 있다.

그들의 두 뺨은 장미같이 붉고, 그들의 손가락들과 종아리들은 복숭아꽃같이 피어오른다.

이 두 예쁜 처녀들 자신들도 인생의 봄이겠지만, 일생을 봄과 같이 생기 있게, 아름답게, 기쁘게 살아가기를 나는 마음속 깊이 그들을 축복한다.

모든 생물에게 생기와 평화를 가져오는 희망의 봄소식을 가슴 속에 안으면서, 나는 오늘도 바닷가에 서서 멀리 수평선을 바라본다.

(1976. 2. 9)

《한국수필》 1976년 봄호

어시장

어항 도시 포항에 살고 있는 나는 가끔 새벽에 동빈로의 선창가로 산책을 할 때가 많다.

멀리 바다 위로 솟아오르는 장밋빛 태양을 바라다보는 것도 즐겁지만, 시원하고 찝찔한 바다 냄새를 풍겨오는 새벽 공기를 깊숙이 숨쉬는 것도 상쾌하기 끝이 없다. 가자미회를 눈앞에 놓고 보는 듯이 속이 후련하다.

길다란 선창가에는 호화주택 값보다도 비싼 10톤급의 어선들이 줄을 서서 매여 있고, 던져 버린 고기의 내장들을 주워 먹으려는 갈매기들이 두 날개를 활짝 펴고 물 위에 내려앉는다.

구릿빛 얼굴에 두꺼운 잠바를 입은 뱃사람들이 밤을 새며 잡아온 생선들을 손수레에 내려 싣기에 바쁘다.

그 추운 밤바다의 거친 물결 위를 헤매며 잡아온 고기는 몇 상자가 되지 않는다.

배가 매어지지 않은 한적한 선창가, 바다가 잘 내려다보이는 길가에서는 육십이 넘어 보이는 할머니 하나가 촛불 두 자루를 켜놓고 앉아 있다. 가까이 가서 보니, 그는 손에 작은 종을 하나 들고 땡글땡글 흔들어 대고 무엇인가 입속으로 쑹얼쑹얼 외고 있다. 그의 앞에는 숟가락이 꽂힌 흰밥 한 그릇과 국그릇, 나물 접시들과 몇 알의 과일들이 놓여 있다.

목소리를 들어 보니 무당은 아니겠고, 영감이나 아들이 고기잡이를 나갔다가 돌아오지 않아서 그 혼을 부르는 안타까운 심정 같다.

나는 고개를 들어서 멀리 바다의 수평선을 바라본다. 바다는 우리들의 생명을 얼마나 빼앗아갔는가 생각할 때 가슴속이 서먹해진다.

땅 위에서도 사람들은 얼마든지 죽어가지만, 물속에서 어쩔 수 없이 생죽음을 당하는 것은 얼마나 답답하고 애처로운 일일까. 사람은 언제나 살기 위해서는 목숨을 내걸고 싸워야 하는 것인가.

망망한 넓은 바다에서 시체도 찾지 못한 유족들은 몇 해를 두고 이런 제사로 원혼을 풀어주기 때문에 새벽 산책 때마다 흔히 볼 수 있는 인생의 슬픈 모양이다.

해가 올라와서 세상이 훤히 밝아지면 나는 돌아오는 길에 어시장에 들러서 한 바퀴 둘러보는 것이 나의 취미의 하나이다.

오늘은 넓은 판장 안에 온갖 고기들이 여기저기 쌓여져 있다. 우리의 키만큼이나 큰 새까만 색의 고기가 두 마리나 누워 있는데 고래도 아니고, 돔배기도 아닌 처음으로 보는 고기다.

크기로 보아서 고랫과에 속하는 것일까. 지난 십여 년간 동해에서는 고래가 잘 잡히지 않는다.

오래간만에 강원도산 명태가 많이 들어와 있다. 이른 봄에 잡았다 해서 춘태라고도 하고, 말리면 노랗게 된다고 해서 노랑태라고도 한다. 올(이른)살이가 되어서 맛이 좋지만 요새 흔해 빠진 북태평양에서 잡아오는 냉동 명태보다 그 값이 배가 더 비싸다.

요새는 황어의 산란기가 되어서 많이 잡혀 오지만, 비늘이 황금색을 띠어서 훤하게 반짝이는 것이 보기에만 좋고 그 맛은 너무나 담담하다.

황어만 한 크기에 비늘이 좀 작고 같은 황어색을 지닌 수조기는 생선국으로 많이 팔리지만 황어보다 배가 비싸다.

시장에 잘 나오지 않던 50센티미터가 넘는 도미가 몇 마리 보인다. 정치망(定置網)에서 잡히는 방어와 도미는 모두 일본으로 수출이 되기 때문에 시판이 금지된 고기다. 어디서 들어왔냐고 물었더니, 울진 앞바다에서 낚시꾼이 잡아 왔다고 한다. 값은 한 마리에 3천 원. 가정부인들은 살 생각조차 못하고, 큰 요릿집 냉장고로 들어가는 고기다.

가정부인들이 횟거리 또는 찌갯감으로 많이 사들이는 고기는 가자미와 광어다. 이것들도 역시 비싸져서 작년에 1백 원 하던 것이 3백 원이나 부른다.

우리가 일반적으로 좋아하는 것은 갈치나 고등어이다. 그러나 영일만 앞바다에 그렇게 많던 갈치와 고등어가 다 어디로 갔는지 다 썩어 빠진 듯한, 백 원짜리 엿가락만치 가느다란 갈치가 부산 쪽에서 가끔 올라온다. 10년 전만 해도 은으로 칠해 놓은 것같이 눈부시게 빤짝거리고, 칼날같이 꿋꿋한 놈을 10마리에 백 원 하던 것이 옛말이 됐다. 자 막대기만 한 것 한 마리에 백 원인데 물조차 좋지 않다.

그 밖에 꽁치·학꽁치·가오리·숭어·준치·오징어·낙지·문어·대새우·영덕게·꽃게·털게·물곰·물쥐·병다니·대구 등 별별 이름의 고기가 많지만 서민들이 애용하는 것은 흔하고, 값이 싸면서 맛이 좋은 꽁치가 제일인 것 같다. 요사이 우리나라에서 바다 고기 통조림으로도 꽁치 통조림이 제일 많고 값이 싼 편이다.

내가 제일 즐겨서 먹는 것에는 앵매리라는 20센티미터쯤 되는 작은 고기가 있다. 이 고기는 주로 오십천(五十川)을 끼고 있는 강구(江口) 앞바다에서 잡힌다.

내가 강구에 갔을 때, 이 고기가 산 채로 있는 것을 보았는데, 그 빛깔이 엷은 풀색으로 빤짝거리고, 민물에 사는 모래무지같이 길고 비늘이 없어 매끄러워 보였다.

이 고기의 이름이 이상하고 고와서 내가 잘 기억하고 있다. 국어사전을 찾아보아도 이 고기의 이름이 없다. 서양 여자의 이름과 같은 앵매리다.

이 고기는 날로 먹지 않고, 소금구이를 하기도 하지만, 주로 말려서 김치찌개 등에 넣어서 요리한다.

그것보다도 내가 이 고기를 좋아하는 것은 술안줏감으로 제일 좋은 까닭이다. 빠닥빠닥하게 말린 앵매리를 불 위에 구워 놓으면 소주 안주에 그만이다. 그 살도 빳빳해서 명태와 같지만 명태는 싱겁고, 물기나 기름기가 없어서 목이 멘다. 그러나 앵매리는 기름이 많아서 손에 묻을 정도이고, 고소한 기름이 많아서 소주에 좋은 안주가 되는 것이다.

  또한 앵매리의 알은 예찬하고 싶으리만큼 맛이 뛰어나다. 앵두알같이 크고 달콤한 연어알도 먹어 보고, 빠작빠작하는 청어알도 먹어 보고, 짭짤한 조기알도 먹어 보았지만 앵매리알과 같이 달고, 고소한 맛은 다른 알들에 비길 수가 없다.

  그 살과 알이 모두 그의 매끈한 몸매와 같이 깨끗하고 고와서 바다 비린내를 조금도 지니고 있지 않다.

  나는 어시장을 한 바퀴 더 돌면서 잡혀온 고기들의 모양을 눈여겨본다. 그리고 한 드림의 마른 앵매리를 사들고 오면서, 촛불 두 개를 켜 놓고 앉아 있던 할머니의 슬픈 모습을 또다시 그려 본다.

(1976년)

『한국현대문학전집58-수필선집Ⅱ』, 삼성출판사, 1979

원고지·담배·술

　책상 위에 원고지를 내놓으면 으레 재떨이와 담배와 성냥을 왼편 구석에 내놓기 마련이다.
　글을 쓰다가 갑자기 생각이 나지 않을 때에는 왼손에 끼고 있는 담배를 길게 한 모금 빨아대는 습관이 오래되었기 때문이다. 글을 쓰는 사람은 나뿐만 아니라 거의가 다 그런 습관을 가진 것 같다. 더욱이 신문사의 사회부에 가보면 분주하게 기사를 쓰는 기자들의 내뿜는 연기로 방안을 꽉 채워 놓는다.
　담배를 제일 많이 피우는 때와 피워서 좋은 때는, 음식을 먹고 나서 입속이 터분할 때, 목욕을 하고 땀을 빼고 났을 때, 의사가 더러운 것을 만지면서 긴 수술을 마치고 났을 때, 술을 마시면서 입에 침이 마르도록 이야기를 많이 할 때, 검사나 변호사들이 열띤 말을 많이 하고 났을 때, 누구를 초조하게 기다리고 있는 지루한 시간을 보낼 때, 고독하고 한가한 시간에, 그리고 또한 잠을 실컷 자고 난 뒤에 삶의 정신이 돌아오지 않을 때 등등 우리의 생리와 정신의 피로와 긴장이 생길 때마다 우리는 즐겨서 담배를 피우게 되는 것이다.
　이삭 부라운의 말을 빌린다면, '담뱃대는 막대한 힘의 연관이요, 지루한 시간의 사랑방이며, 나의 열렬한 소망의 안식처를 마련해 준다.'고 담배를 예찬한 것도 있다.
　나는 하루에 두 갑의 담배를 피웠으나 요사이는 한 갑 반으로 줄였다. 경제와 건강의 문제점도 있지만 아내의 성화에 순응하려는 노력도 있기 때문이다.
　어제 저녁에도 아내는 또 이렇게 말했다. "당신이 담배를 피우시면 꼭 기침을 하시는데 담배를 좀더 줄여서 피우세요. 백해무익이라는 걸 뭣 때문에 자꾸 피우시우."

　담배는 우리의 몸에 백해무익이다. 폐암, 인후암, 위암 등의 원인이 된다고 동서양 의학자들이 늘 주장하고 있지만, 백해무익만이라면 왜 우리는 그대로 담배를 애용할 만한 이유가 어디에 있을까. 그리고, 담배의 애용가들은 날로 더 늘어만 갈까.

　생리와 정신의 생활이 공해 속에서 날로 더 심각해가는 현실에서 한 대의 담배로써나마 긴장을 풀 수가 있다는 것은 오히려 다행한 일이 아닐까도 생각해 본다.

　요사이 나는 글을 쓸 때마다 또 한 가지 새로운 습관을 가지게 되었다.

　재떨이와 담배를 책상 왼쪽에 놓으면 오른쪽 모퉁이에는 소주 한 홉에 콜라를 섞은 큰 유리잔 하나를 올려놓는다. 젊어서는 불에 타는 독한 술을 좋아해서 진이나 위스키도 많이 마셨지만, 요사이는 25도 소주에 콜라로 묽혀서 먹으면 위의 지장이 없다는 것을 깨달아서이다.

　글을 쓰면서 조금씩 마시는 술이라, 안주는 손쉬운 마른안주로 호두, 곶감, 땅콩 등을 주로 주워 먹는다.

　담배도 술도 다 우리의 정신을 자극해주고, 기억력과 상상력을 일깨워줄 수 있는 것이라고 생각했기 때문이지만, 과거의 문인들도 늙어지면 술잔을 옆에 놓고 기운을 돋구며 글을 썼다는 글을 읽어보기도 했기 때문이다.

　나의 경험으로도 술 한 홉쯤 원고지 옆에 놓는 것은 정신의 장애도 없고, 담배 한 대 정도쯤의 역할을 할 수 있는 것이라고 생각이 되기도 했다.

　문학 노벨상과 평화 노벨상 등 두 개를 받은 정치가 처칠은 글보다 말을 많이 했지만, 그의 입에는 언제나 만년필만 한 엽궐련(시가)이 물려져 있었고, 아침저녁으로 위스키를 즐겨 마셨는데에도 93세라는 많은 나이를 살았다.

　내가 대학에서 공부를 할 때에도 죠지라는 교수가 다른 교수들보다 유달리 강의 잘하셨는데, 그는 강의를 하러 들어오시기 전에 위스키를 한 잔씩 드신다는 소문을 들은 적도 있었다. 우리나라의 유명한 노교수들 중에서도 강의 시간 중간에 술을 한 잔씩 드신다는 얘기도 들은 적이 있다.

  비상도 조금만 들면 약이 된다는 속담도 있듯이, 백해무익이라고 일컫는 담배와 술도 우리의 극진한 위안이 될 수도 있고 어지럽고 긴장된 생활의 힘이 될 수 있는 것이 아닌가 생각이 된다.

  모름지기 지식인들이 즐겨서 조금씩 들 수 있는 청심제가 담배와 술이 아닐까도 생각이 된다.

> 이성져성 다 지내고 호롱하롱 인일업내
> 공명도 어근버근 세사도 싱슝샹슝
> 매일에 한 잔 두 잔하며 이렁저렁 하리라
>
> (이럭저럭 다 지내고 흔들흔들하며 된 일이 없네.
> 공명도 다 틀려지고 세상이 뒤숭숭하도다.
> 날마다 한 잔 두 잔하며 이럭저럭 지내리라.)

  옛시조집을 뒤적거리다가 이런 시조를 한 편 읽었다. 몇 백 년 전에 쓴 것이지만, 그때나 지금이나 인간은 괴로운 존재인가 싶다.

  '인생 자체에는 선이나 악이 없다. 다만 네가 만드는 대로 선과 악이 존재하게 되는 것이다.'

  이것은 몽테뉴의 말이다.

  나는 지금 원고지와 담배와 술잔을 앞에다 놓고 우리 인생은 언제나 좀더 착하고, 아름답고, 기쁘게 살 수 있을까 생각해 본다.

《시문학》 1976년 12월호

아름다움

세상에 있는 모든 사물은 아름다움과 미움을 지니고 있다.

꽃나무와 같이 곱고 우아하고 빛나고 아름다운 것도 있고, 엉겅퀴와 같이 거칠고 보기 싫고 밉고 매서운 가시나무도 있다.

갓난 어린애의 얼굴같이 성스럽고 보드랍고 결백한 아름다움이 있는가 하면, 냉혹하고 성낸 얼굴마냥 울퉁불퉁한 악마의 얼굴 같은 미움도 있다.

'진·선·미(眞·善·美)'는 이화여자대학교의 교훈(校訓)이다. 이는 인생의 3대요소를 말하는 것이기도 하다.

영국의 시인 키츠의 시에는 이러한 글귀가 있다.

'진은 미요, 미는 진이다'

참되고 진실한 것은 아름다움이요, 아름다움은 참되고 진실한 것이라는 뜻이다. 즉 거짓은 아름다움이 될 수가 없다. 가짜 머리칼, 가짜 눈썹, 가짜 꽃, 가짜 모조품들, 그리고 가짜 사람들, 가짜 형사, 가짜 신문기자, 가짜 박사 ‾ 세상엔 이루 헤아릴 수 없을 만큼 거짓과 가짜가 많은 것은 결코 아름답지 못한 일들이다.

미국의 철학자 존 듀이 박사는 아름다움을 만족함(Content)에다 연결하는 이론을 발표하기도 했다.

'점(·)보다 선(‾)이 보기에 더 편리하다. 내려 그린 선보다 가로 그린 선이 보기에 더 편리하다. 또한 직선보다는 곡선이 보기에 더욱 편리하고 좋다. 보기에 편리하고 좋아서 우리에게 더 많은 만족을 주게 되는 것이니까 우리에게 행복감과 아름다운 정서를 주는 것이다.'

이 이론이 진리인지, 근래에는 모든 자동차의 모형들이 유선형이요, 건물들이나 입고 다니는 옷의 디자인도 거의 다 유선형이다. 여인들의 머리카락까지도 곱슬곱슬한 퍼머넌트 웨이브다.

1930년대에 프랑스 시인 한 분이 뉴욕시를 구경하고 이러한 말을 공언한 일이 있다.

"미국에는 문명은 있어도 아름다운 예술은 없다. 뉴욕에는 석유상자들을 세워 놓은 듯한 높은 건물들이 서 있을 뿐이다."

존 듀이 박사는 이 말에 대해서 이렇게 대답하였다.

"프랑스 사람들은 수없이 많은 돈을 들여서 루브르박물관을 짓고 소수의 사람들에게 예술적 만족을 주고 있다.

그러나 우리는 석유상자들과 같은 저 건물들로부터 일상 필요한 우리의 옷과 집과 먹을 것과 자동차를 얻는 것으로써 만족함을 느낀다. 그럼으로써 저 건물들은 우리에게 행복감과 만족감을 주는 동시에 미감을 느끼게 하는 것이다."

우리는 외양에 나타나는 선(線)과 율(律)의 조화를 갖기 위해서 모든 육체적, 또는 물질적인 면에서도 거짓이 없는 진지한 노력을 해야 할 것이다.

그러나 우리는 인간인 이상 심리적 또는 정신적인 면에 있어서 더욱 인정이 넘치는 아름다운 인간이 되어야 할 것이다. 이러한 흐뭇하고 다정한 인간상을 지니기 위해서는 거짓이 없는 참된 교양을 화장품보다도 더 많이 지니어야 할 것이다.

모나리자 상(像)에 나타나는 그 흐뭇하고, 아늑하고, 다정한 두 눈과 입술의 미소에서 나는 늘 여인들의 고귀하고, 아름다운 이미지를 즐겁게 감상한다.

'그대의 두 눈은 그대의 영혼의 창문이어라'라고 일찍이 바이런이 노래한 일이 있다.

우리의 속담에도 '겉볼안'이란 말이 있다. 사람의 마음씨는 얼굴 겉에 나타나는 것을 보고도 다 알 수 있다는 뜻이다. 아무리 화장을 잘 하였다고 해도 그의 마음씨가 곱게 나타나는 것이 아니다. 자못 착하고 아름다운 마음씨만이 모나리자의 인정 있는 미소와 같이 얼굴에 나타나게 되는 것이다.

  모름지기 현대의 지성 있는 여성들은 얼굴의 화장보다도 마음의 교양을 넓히기 위해서 더욱더 힘써야 할 것이 바람직하다.

《엘레강스》 1977년 1월

새봄의 기쁨

고산 윤선도(孤山 尹善道)의 옛시조 한 수를 음미해 본다.

보리밥 풋나물을 알마초 머근 후에
바희긋 물가의 슬카지 노니노라
그나믄 녀나믄 일이야 부롤줄이 이시랴

(보리밥에 풋나물을 알맞게 먹은 뒤에
바위 끝 강가에 가서 실컷 놀고 있노라
그밖에 다른 일이야 부러워할 바가 있으랴.)

바닷가에서 수십 년을 살고 있는 나는 가끔 바닷가에 나가서 하늘끝과 맞닿은 바다의 수평선을 내어다보는 것으로 낙을 삼아온다. 그러나 매서웠던 추위도 어디론지 사라지고 내일로 입춘(立春)을 맞게 되는 오늘에는 언덕길을 걸어서 낮은 산에 오르는 작은 들길을 걷는다.

아직도 싸늘한 바람이 등골로 숨어들지만, 오렌지 빛깔의 따뜻한 햇볕이 나의 두 볼을 따스하게 흘러내린다.

문득 바다로 흘러가는 길옆의 작은 개천을 들여다보았더니 유리알같이 맑은 얼음장 밑으로 가느다란 샘물이 뱀의 꼬리마냥 구불구불 숨을 쉬는 듯이 꿈틀거리면서 조용히 흘러내린다.

보풀어 오른 지심(地心)을 뚫고 새로운 샘물이 새로운 봄을 안고 솟아오르고 있고

나. 나는 새봄의 기쁨을 느끼면서 한참 앉아서 지켜본다.

한동안 새봄의 움직임을 지켜보다가 나는 시인 괴테의 이러한 말을 연상해보기도 한다.

'이 대지 위에서는 나의 기쁨이 샘솟고 있다. 태양은 나의 고통을 비춰준다. 나에게는 이 두 가지로써 충분하다.'

이런 말을 연상하면서 나는 새봄이 새로운 샘물과 함께 솟아오르는 것을 한없이 기쁘게 생각한다.

또한 우리의 고통과 번뇌를 따뜻하게 감싸주고 녹여주는 태양의 고마움도 감사하게 생각한다.

그리고 나는 또한 로마의 시인이었던 세네카의 말도 연상해 본다.

'태양은 선(善)한 자에게나, 악(惡)한 자에게나 꼭 같이 공평하게 비춰준다.'

태양은 언제나 하나님의 섭리와 사명을 다 하여서 지상의 만물들을 키우고 또한 사랑한다. 우리는 태양의 공평한 사랑 속에서만 인생을 기쁘게 살아갈 수가 있는 것이다.

좀더 기쁘게 살기 위해서는 우리는 항상 성실한 생활을 하기에 힘써야 하겠다.

새봄과 함께 우리는 새로운 희망과 새로운 결심을 가져야 할 것이다.

'세상에 태어나서 한 번도 좋은 생각을 가져보지 않은 사람은 없다. 다만 그것이 계속되지 않았을 뿐이다. 어제 붙들어 맨 끈은 오늘 허술해지기가 쉽고 내일은 풀어지기가 쉽다. 나날이 다시 끈을 여며야 하듯이 사람도 그가 결심한 일은 나날이 거듭 여미어야 변하지 않을 것이다.'

철학자 존 밀의 말을 연상하면서 나는 새로이 찾아오는 이 봄을 기쁘게 맞는다. '하루는 영원이라'는 말도 있지만, 나는 다시 찾아오는 이 봄, 여름, 가을, 겨울의 색다른 네 절기를 일생을 또 한번 다시 살아가는 기분으로 기쁘게 맞겠다.

《신앙계》 1977년 3월

떡전골목

어느 도시의 시장이나, 시골 장거리에 가면 으레 떡을 파는 떡전 골목이 있기 마련이다.

인구 십오만이 넘는 포항시장에도 떡전골목이 따로이 있어서 오륙 명의 떡장사들이 노점을 차리고 긴 걸상들을 앞에 가로놓고 떡을 많이 팔고 있다.

나는 떡전골목 맞은편에 있는 작은 점방에 친구가 있어서 가끔 술내기 바둑을 놓으러 간다. 바둑을 끝내고 술상을 놓고 밖을 내어다보면 으레껏 나의 눈길은 떡전골목으로 향하기 마련이다.

떡장사는 보통 아침 열 시가 넘어서야 나오지만, 나오기가 무섭게 떡을 사먹는 손님들이 점심때가 되기 전부터 몰려든다.

"어째서 저렇게 떡이 잘 팔릴까?"

혼잣말같이 하는 내 말에

"잘 팔리고말고. 한 집에서 하루 쌀과 찹쌀 해서 두 가마씩이나 판다니 쌀값으로 쳐도 5만 원이 넘고 이익도 만 원이 넘는대. 1년에 집 한 채씩 사기는 문제가 없대."

마주 앉은 친구가 대꾸를 한다.

긴 걸상 위에 수십 명이 걸터앉기도 하고, 자리가 모자라서 뒤에 서서 떡을 먹는 모양은 늘 보아도 신기하기도 하고 재미있는 풍속도와 같기도 하다. 단원(檀園)과 같이 풍속도를 잘 그릴 줄 알았으면 기막히게 좋은 소재다.

손님은 어린애들로부터 칠순이 넘은 노인들까지 남녀노소 할 것이 없다. 그들의 직업을 일일이 따질 수는 없으나 옷을 입은 외양으로 짐작을 해보면, 시골서 온 할

아버지, 할머니, 장구럭을 들고 오는 가정주부나 나이 어린 가정부 같은 처녀애들, 가다가다 남녀 학생 애들과 군인들도 가끔 눈에 뜨인다. 언젠가는 모 병원 원장부인께서 떡을 사먹는 모양을 눈여겨본 일도 있다.

떡은 우리의 식생활에 있어서 가장 으뜸이 되는 음식인지도 모르겠다. 명절이나 좋은 날에만 떡을 먹을 수 있고, 떡, 밥, 죽, 미음의 순서로서 떡을 귀하게 여기고, 죽과 미음은 병든 사람의 음식이고 떡과 밥은 건강한 사람의 음식이기도 하다.

떡을 사먹는 손님들의 8할 이상이 여자 손님들이다. 여자들은 사나이들보다 생리적으로 다른 점이 있기 때문인 것 같다. 그렇기 때문에 임신을 한 부인들이 눈에 잘 뜨인다.

집에서 잔일을 하기 때문에 늘 허기도 있겠지만 장에 나와서 아껴서 받은 거스름돈으로 몇 개의 떡을 맛보는 것도 술을 마실 줄 모르는 부녀자에게는 하나의 취미라고도 할 것이다.

식구가 많은 집에서 많은 돈을 들여서 늘 떡을 해 먹을 수도 없는 때문이다.

떡을 먹고 있는 사람들을 바라다보는 재미도 이만저만이 아니다. 젊은 여자, 특별히 바빠 보이는 가정주부들은 떡을 두 볼이 불룩 나오도록 넣고 후믈후믈 단숨에 꿀떡 넘기는 소리가 들려오는 듯이 넘겨버린다.

중년 여인들은 떡을 음미하는 듯이 오래오래 씹어서 삼킨다. 보기에 안된 것은 늙은 할머니의 떡 잡수시는 모습이다. 씹는지 삼키는 것인지 모를 정도로 두 볼을 움푹움푹 볼우물을 지우며, 이빨이 하나도 없는 아래턱을 가로세로 맷돌을 돌리듯이 넌지시 호물거리는 모양은 보기에도 우습기보다 오히려 서글프다.

요사이 음식 값이 비싸서 점심 한 그릇에 오백 원 이상을 주어야 하지만, 십 원짜리 떡 다섯 개나 열 개를 먹으면 거뜬히 요기가 되고도 남는다.

늙어가면 식성도 변하는지 술을 즐기면 떡을 좋아하지 않는다고 했지만, 몇 년 전만 해도 떡을 요기할 겸 소주 안주로 잘 먹었다.

그러나 요사이는 온통 틀니라 엿, 사탕, 껌, 떡 따위는 틀니에 달라붙어서 먹을 수가 없게 되었다.

그래도 무, 배추 등의 김치는 씹어 먹을 수 있는 것이 무엇보다도 다행한 일이다.

《한국수필》 1977년 12월

가을 소식

입추(立秋).

오늘은 가을의 문턱에 들어섰다는 입추다. 해방을 맞은 지 바로 33년이 되는 1978년 8월 8일이다.

아직도 삼복(三伏) 더위의 중복을 넘어섰고, 또한 말복을 넘기려면 8일을 더 무더위를 참아야 한다. 이러한 복더위 속에서 우리는 광복의 날을 맞이하여 더없는 기쁨에 열광을 하였던 것이다.

그날엔, 숲속에 매미들도 유난히 그 아름다운 소리를 더욱더 높였고, 무더운 하늘의 높은 습기 속에서도 수없이 많은 고추잠자리들이 짝을 지어서 하늘을 곱게 수놓을 듯이 춤을 추고 있었다.

무더운 늦여름의 더위는 우리에게 새맑은 입추의 절기와 함께, 우리나라의 광복의 기쁜 소식을 전했던 것을 언제나 나는 잊을 수가 없다. 참으로 기쁠 뿐이었다.

매미.

나는 너의 소리를 들을 때마다 여름도 생각하고, 가을도 느낄 수가 있다.

네가 신이 나서 맴매맴매하고 고성으로 교향악을 울어 댈 때에는, 계곡에 힘차게 흘러서 떨어지는 물소리와 같이 새맑고, 힘차고, 시원하고, 줄기찬 노래로 나의 귀를 더없이 즐겁게 해 준다.

약동하는 모든 여름의 생물들과 함께 너의 노래 소리는 나를 한없이 기쁘게 해 준다.

이렇게 네가 높은 나뭇가지 그늘 속에서 흐르는 물소리와 같이 한창 울어 댈 때에는, 나는 시원한 여름의 싱그러움을 가슴 속 깊이 느낄 수가 있다.

  그러나 입추가 지나고, 설렁이는 바람에 코밑이 서늘해지는 오늘에는, 너의 소리도 어쩐지 물소리가 아니고 흘러가는 바람 소리로 변하여 어딘지 힘이 없는 구슬픈 소리로만 들려오는 듯하다. 쏴아아.

  너는 짧은 여름철의 즐거운 너의 음악을 사람들에게 들려주기 위해서, 땅 속에서 십오륙 년의 긴 세월을 풀뿌리를 먹으면서 애벌레로 살아왔지 않은가.

  여름의 한 철밖에 못 산다는 너의 짧은 삶의 슬픔을 노래하고, 또한 가을의 소식을 우리에게 다시 전하고, 지금 너는 어디로 또 사라져 갈 것인가.

  맴매 매미, 매미 맴마야.

  하늘.

  짙은 풀빛을 하고 있던 하늘은 무덥던 습도의 가심에 따라서 그 색을 점점 엷게 하고 있다.

  뭉게뭉게 떠오르는 늦여름의 흰 구름덩이들도 파아란 하늘을 징크화이트로 물들여서 더욱더 그 색을 푸르게 하여 코발트색 하늘로 변하게 하고 있다.

  가을의 소식은 맑고, 높은 하늘에서도 찾아볼 수가 있다.

  숲.

  숲속을 한가히 거니는 것은 나에게 있어 하나의 큰 즐거움이다.

  서늘한 깊은 그늘 속에 새맑은 공기도 좋지만, 흙냄새, 풀냄새, 온갖 새로운 내음을 가슴 속 깊이 숨쉴 수가 있다.

  두 팔을 베개로 하고 잔디 위에 반듯이 누워서 하늘을 덮은 숲속을 쳐다본다.

  천여 년을 산다는 소나무 가지들 사이로는 파아란 하늘이 무수한 시냇물과 같이 보이고, 잎이 제일 크기로 유명한 높은 벽오동 이파리들 사이로는 파아란 호수들 같이 하늘이 쳐다보인다.

사철로 푸른 소나무들 사이에 오동나무 한 그루는 무엇을 하려 섞여 있는지, 그 큰 이파리들이라도 자랑하려 함이었는가.

그러나 오동나무 이파리들은 어느새 누르스름한 빛깔을 지니고 있다.

이 향기롭고 새맑은 내음은 어디에서 퍼져 오는 것일까. 잔디에서 오는 것일까.

새맑고, 파아란 봄 잔디에서는 아무 내음도 없었는데, 누렇게 물들어 가는 가을 잔디에서만 풍겨 나오는 내음인 것인가.

커다란 오동 이파리, 고개를 수그린 잔디풀도 다 가을을 머금었고, 솔솔 불어오는 소슬바람도 다 가을을 속삭이는 듯 은은한 소리가 섞여 있는 듯하다.

저녁놀.

어느덧 해가 서산을 넘어가자 황금색을 띤 저녁놀이 서쪽 하늘 위에 길게, 또한 황홀하게 비끼어진다.

연분홍 장밋빛의 아침놀도 새맑고 곱지마는, 황금색 저녁놀은 더욱 아름답고, 황홀하고, 또한 거룩하게 보인다.

지상에서는 찾아볼 수도 없으리만큼 거창하고, 화려한 궁성과 같기도 하고, 끝없이 펼쳐진 뻔쩍이는 황금의 깊은 숲속 같기도 하다.

고운 열매들을 드리우고, 척척 늘어진 빛나는 영광의 황금 숲속을 꿈속에서 걸어가는 기분과 같기도 하다.

저녁놀을 쳐다볼 때마다, 인생의 저녁놀도 저렇게 아름답고, 또한 황홀할 수는 없을까 나는 늘 생각해 보기도 한다.

검은 구름에 싸여서 어두컴컴해지는 저녁 하늘보다, 저렇게 아름답고, 빛나는 황금색 놀과 같이 사라져 갈 수 있는 인생이 되었으면 얼마나 기쁠까, 나는 늘 저녁놀을 바라볼 때마다 마음속 깊이 생각해 본다.

가을과 함께 저물어 가는 저녁의 놀, 인생의 가을 저녁의 놀도 저렇게 아름답고, 황홀할 수는 없는가.

철새.

별 밝은 맑은 가을 하늘을 누워서 쳐다보고 있으면, 가늘은 새소리와 함께 검은 그림자들이 바쁘게 지나가는 것이 선히 보인다.

더운 철이 오면 시원한 북으로, 추운 철이 오면 따뜻한 남으로, 철을 쫓아서 살기 좋은 곳으로 옮겨 가면서 살아가는 것이 철새의 생리요, 습성이요, 또한 운명이다.

추운 철이 다가올 것을 미리 알아차리고, 가을부터 철새들은 따뜻한 남방으로 이동을 시작한다.

사람들도 철새의 기질을 타고났음인지, 요사이는 세계의 구석구석 아니 나가서 사는 곳이 없을 정도다.

새들은 자연과 함께 살기 좋은 곳으로 옮겨 가면서 자유롭게 하늘을 마음대로 날아다니면서 살 수가 있지만 사람은 한갓 헛된 이데올로기의 고집과 횡포로 세상을 공포의 장벽으로 갈라놓고 있다.

철새는 언제나 노스탤지어를 지녀 온다. 북한에 집을 두고 온 나는 33년 동안이나 가을마다 철새 소리를 귀담아 듣는다.

그리운 고향의 소리를 대하는 듯이 오늘 밤에도 철새의 소리가 기다려진다.

(1978년)

『한국현대문학전집58-수필선집Ⅱ』, 삼성출판사, 1979

파도

　파도를 바라보기 위하여 가끔 바다로 나간다. 파도는 밤낮없이 바다의 숨결인 양 잇따라 출렁대고만 있다.
　추운 겨울의 거세인 파도는 쏜살같이 달려드는 아프리카의 코뿔소와 같이 거칠고 무섭기만 하다. 방파제를 때려 부수고, 작은 배들을 뒤집어 버리는 난폭한 폭력배와 같다.
　그러나 여름의 희고 부드러운 파도들은 수없이 많은 군중들이 모여서 함께 흔드는 깃발과도 같이 율동적이요, 아름다운 춤이요, 고운 음악이다.
　더구나 해변가로 밀려나오고, 들어가는 작은 줄다리기 파도의 줄무늬들은 달밤에 처녀들이 흰 옷을 입고 강강수월래를 벌이고 있는 모양과도 같다.
　가만히 바위 위에 앉아서 잔잔한 여름 바다 위에서 일어나는 흰 파도들을 바라다보면, 어느덧 나도 모르게 깊은 명상에 빠지게 된다.
　젊었을 때, 파도를 바라보면서 미지(未知)의 세계인 장래의 꿈을 연상하게 되었지만, 늙어진 오늘에는 파도를 볼 때마다 꿈과 같이 사라져 간 과거의 허무했던 무수한 추억의 애환을 회상해 보게 된다.
　떠나고, 만나고, 떠나고, 슬프고, 기쁘고, 허무하고, 보람 있고 인생의 파도에 시달리었던 모든 추억이 사라진 꿈과도 같기만 하다.
　'인생은 항해(航海)와 같다'고 누가 먼저 말했던가. 내가 겪어 온 항해는 모두가 다 꿈과 같이 사라져 갔고 내가 늙었다는 사실 하나만이 현실과 함께 살아남아 있을 뿐이다.
　가만히 밀려오고 또한 나가는 파도를 바라보면, 나도 변함없이 움직이는 존재라는 것만은 느껴 볼 수가 있는 것이 행복스럽다. 욕망도, 소망도 또한 정열도 다 식어진 저 고요하고, 곱고, 아늑한 파도의 잔물결과 같은 오늘의 나의 심정이여.

나는 바위에 홀로이 앉아서 바닷물 속에 나의 여윈 손을 담가 본다.

그리고 '철이 아빠!' 하고 나의 둘째아들을 마음속으로 불러 본다.

바다의 물은 세계의 어느 곳과도 다 통해 있다.

나의 둘째아들은 원양 어선의 선장으로 지금 인도양의 모리서스 섬 부근에서 참치잡이를 하고 있다. 그의 가족들과 나는 하루같이 그의 안부를 걱정한다.

30개월의 계약이 끝나려면 아직도 일 년을 더 넘어야 한다.

내가 바닷가에 자주 나오는 것도 그를 생각하기 때문이고, 나올 때마다 바닷물에 손을 담그고, 그를 한 번씩 불러 보는 것도 나의 다시없는 기쁨이다.

한참 물속에 손을 담그고, 아들의 안부를 염려하면서 무사히 조업을 성공하라고 당부한다.

또한 남북극의 차디찬 얼음물을 감촉하기도 하고, 오대양(五大洋)에 맞닿은 육대주(六大洲)에 살고 있는 모든 인종들이 잔잔한 저 바다의 흰 파도와 같이 춤을 추며 노래하며, 환희의 평화 속에서 고요히 행복하게 어울려서 살 수는 없을 것인가 생각해 보기도 한다.

(1978년)

『한국현대문학전집58-수필선집Ⅱ』, 삼성출판사, 1979

바다와 시인

　커다란 물웅덩이에 지나지 않는 바다를 내어다 보면 무엇인가 신비로운 상념에 잠기게 된다.
　인생과 관련된 어떤 신비로운 영감을 갖게도 된다.
　깊은 산속에서도 우리는 무수한 신비를 눈으로 볼 수가 있지만, 깊은 바닷속의 신비는 오직 상상만으로 느낄 수가 있다.
　바다풀 사이로 기어다니는 바다뱀장어들의 떼도 상상해 볼 수 있고, 물 속 바위 위로 기어다니는 전복이나, 혹 같이 돋아나오는 우렁쉥이나, 철학자인연 모래판 위에 엎드려있을 광어들도 상상해 볼 수가 있다.
　바닷가를 산책하는 시인들은 이러한 수천 종류의 생물들이 허우적거리는 바닷속의 세계를 상상하지 않을 수는 없을 것이다.
　삼면에 이러한 아름답고, 신비스러운 바다를 갖고 있어도, 우리에게는 바다의 시인이 극히 드물고, 해양문학이 거의 없는 상태이다.

　　　날이 덥도다 물 우희 고기 떳다
　　　닫드러라 닫드러라
　　　갈며기 둘식 세식 오락가락 하나고야
　　　지국총 지국총 어사와
　　　낫대는 쥐여 있다
　　　탁주병 시럿나냐

(날이 덥구나 물 위에 고기가 떴다.

닻을 들어라, 닻을 들어라.

갈매기가 둘씩 셋씩 오락가락 하는구나

낚싯대는 쥐고 있다.

탁주병을 실었느냐.)

  드물게 보는 윤선도의 옛시조에 고기잡이를 가는 멋진 풍경이 풍속도와 같이 그려져 있다.

  요사이 우리가 바다를 그리워하게 하는 시는 오직 이은상의 「가고파」뿐이라고 해도 과언은 아니다.

  영문학에는 바다를 소재로 한 시와 소설의 해양문학이 빛을 내고 있다.

  지금 우리들도 수만 명의 청년학도들이 원양에 나가서 활약을 하고 있다.

  시와 철학을 담은 헤밍웨이의 『노인과 바다』와 같은 대작을 기대할 수는 없어서 적어도 해양문학에 대한 관심만이라도 가져야 될 것이다.

(1978.8.30)

《죽순》복간호, 1979 봄

맑은 공기와 물

지나간 옛일들을 돌이켜 생각하며, 해가 떠오르는 바닷가에 나는 혼자서 고요히 서 있다.

떠오르는 장밋빛 태양의 눈부시게 빛나는 얼굴은 예전과 별로 달라진 모습을 찾아볼 수가 없지마는, 백사장으로 쉬지 않고 넌지시 드나드는 작은 파도들은 흙을 파내는 호미들을 손에 들었는지 철썩철썩 모래언덕을 파헤치고 있다.

'십 년의 세월이 흘러가면 뽕밭이 변하여서 푸른 바다가 된다' 하는 옛이야기를 실감하듯이, 나는 포항의 백사장이 보이지 않는 사이에 절반 나마가 물속으로 패여 들어갔는지, 물이 불어서 넘쳤는지, 그 자취가 물에 잠겨버린 것을 똑똑히 눈여겨볼 수가 있다.

30년 전 내가 포항에 처음으로 왔던 때의 이 백사장은 70미터의 정도로 폭이 넓었으나, 오늘의 그 넓이는 30미터나 될까, 그 넓이가 반 나마나 물속에 잠겨버렸다.

가만히 서서 먼 바다를 바라다보면, 사람도 늙지마는 강산도, 자연도 변하고, 쇠퇴하고, 또한 연멸한다는 사실을 분명히 느낄 수가 있다.

더구나 근년에는 세계 여러 곳에서 지진이 일어나서 큰 인명 재산의 피해도 보았지만, 우리나라에도 작은 지진이 잦았고, 바다를 엄습하는 태풍과 해일이 번거로웠다.

사람은 자기도 모르는 사이에 몸이 쇠약해지고 늙어가지만, 자연도 자기 스스로의 풍화작용으로 소멸해가고 있다.

지금, 포항의 해수욕장인 4킬로 길이의 이름높은 백사장은 70미터의 넓이에서 반 나마가 패여 나가서 우뚝한 모래턱을 이루었으며, 보기에도 그리 좋지가 않다.

포항시청은 해수욕 시기가 오기 전에 백사장을 고르고, 둑을 쌓는 공사에 밤낮 없이 바쁘게 서두르고 있다.

'자연은 사람보호, 사람은 자연보호'라는 구호는 참으로 하느님의 섭리를 잘 이해해서 하는 말이다.

그러나 자연은 얼마나 사람을 보호할 수 있을 것이며, 또한 사람은 언제까지나 자연을 보호할 수가 있을까.

나는 출렁대는 바다의 숨결을 또 한 번 가만히 들어보고 있다.

7년 전 포항제철이 착공이 되고, 몇 해 후에 가동이 시작된 후부터 포철이 우리에게 미치는 공해는 한둘이 아니다.

24시간 밤낮이 없이 가동하는 이 공장의 수십 개의 굴뚝에서 뿜어내는 매연은 바다에서 불어오는 맑은 바람과 상쇄된다고 생각하는 사람도 있겠지만, 아침에 일어나서 세수를 하여보면 그 세숫물이 검은색을 띠고 있는 데 신경이 안 갈 수가 없다.

경주의 불국사가 자리하고 있는 토함산으로부터 경주시의 옆을 끼고 흐르는 맑은 물은, 형산(兄山)과 제산(弟山) 사이로 곱게 굽이쳐서 바다로 들어가는 형산강의 아름다움이다.

동해로 흘러들어가는 이 드문 민물강에는 뱀장어·붕어·잉어들이 많을 뿐 아니라, 이른 봄마다 민물에 알을 낳는 황어들이 바다에서 수없이 올라와 경주까지 가서 알을 낳았다.

그러나 형산강 하구 오른쪽에, 이백오십여만 평에 자리를 잡고 있는 포철의 큰 공장으로부터 쏟아져 나오는 공업폐수는 어패류의 종족들을 거의 다 멸종시키고 있는 형편이다.

그 흔하고 득실거리던 물고기들은 어디로 다 사라지고, 조약돌같이 깔렸던 조개들과, 소라들과, 맛(대조개)들은 다 어디로 종적을 감추었는지.

　아침산책을 한다 하면, 으레껏 해가 떠오르는 바닷가로 늘 나갔지만, 이제는 걸어서 30분 걸리는 대성사(大聖寺)의 우거진 숲속으로 가게 된다.
　솔숲 속의 공기는 더 말할 나위도 없이 새맑고, 시원하지만, 조그만 PVC파이프에서 떨어지는 샘물방울은 생명수와 같은 성분과 맛을 가졌다고 할 것이다.
　아름드리 소나무들이 서 있는 사이에 바위틈으로 땀방울같이 조금씩 솟아나오는 맑고 찬 샘물을 대나무를 이어서 절간마당으로 흘러내리게 하던 것을 지금은 PVC파이프로 작은 샘물간에 있는 탱크 속으로 떨어지게 하였다.
　한 방울 한 방울 떨어지는 맑은 샘물 몇 모금을 조롱박에 받으려면 일 분도 더 기다려야 한다.
　이렇게 정성껏 받은 샘물을 두어 모금 마시고 나면, 가슴속이 온통 시원한 것이, 그 물맛을 형용할 수가 없을 지경이다.
　소독약 냄새는 조금도 있을 수가 없지마는 풀냄새도, 흙냄새도 없는 새틋하고 시원한 그 맛은 지심 속에 간직하여 두었던 순수한 자연 그대로의 맛이라고나 할 것이다.
　오늘에 와서야, 한 모금의 샘물도 나의 오장육부를 찔 하게 해주고, 한 숨의 맑은 공기도 나의 폐부를 부풀게 해주는 것임을 의식적으로 느껴볼 수가 있다.

　40여 년 동안이나 함께 늙어온 나의 아내는 그의 마지막 소원인 것같이 늘 이렇게 말한다.
　"소나무들이 우거진 산중턱에 조그만 집을 한 채 지어놓고, 산새소리, 물소리가 들려오는 새맑은 공기 속에서, 얼마 남지 않은 여생을 조용히 보냈으면 얼마나 좋겠어요!"
　"죽어서나마, 고요한 산속의 흙으로 돌아갈 수가 있다면."

아무 말이 없이 나는 속마음으로 이렇게 대답해본다.

《현대문학》 1979년 7월호

정월의 눈사람

지구 자체 스스로가 삼백예순다섯 번을 돌아가서 제자리에 되돌아오는 시간을 우리는 새해라고 부른다. 묵은해를 보내고 새해를 맞이하는 것은 어쩌면 기분이 상쾌하고, 우리에게 새로운 희망을 가져오는 뜻있는 시간이기도 하다. 자라나는 어린이들은 헌 옷들을 집어던지고 새 옷차림으로, 어서 커서 성년이 되어야 한다는 희망에 날뛰는 기쁜 새해이기도 하다. 그러나 한 해가 또 저무는 것을 슬퍼하는 늙은이도 많이 있는 오늘이다.

    반 남아 늘거시니 다시 졈든 못하여도,
    이후나 늙디 말고 매양 이만 하얏과뎌
    백발아 네 짐작하여 더디 늙게 하여라

    (절반 이상 늙었으니 다시 젊지는 못하여도,
    이후에나 늙지 말고 항상 이만해 있기를 바라노라.
    백발아 네가 짐작해서 더디 늙게 하여라.)

흘러가는 인생의 무상함을 슬프게 한탄하는 이명한의 옛시조다. 그러나 인생이 태어나고, 늙고, 죽는 것이 다 당연한 신의 섭리임을 낙관적으로 읊은 멋진 송시열의 시조도 있다.

    청산도 절로 절로 녹수도 절로 절로

산절로 수절로 산수간에 나도 절로
이중에 절로 자란 몸이 늙기도 절로 하리라

(푸른 산도 절로이며 깊은 물로 절로이고,
산수가 절로이면 산수 사이에 있는 인간인 나도 절로이다.
이런 중에서 절로 자란 몸이 늙기도 절로 하리라.)

  인생을 비관하던 시대는 벌써 옛 시대로 사라지고, 지금 우리는 힘찬 건설의 새 시대에서 살고 있는 것이다. 시간의 변천은 쉬지 않는다. 묵은해에 우리는 8·18 만행 사건을 겪었고, 북한은 또한 아편, 술, 담배를 불법적으로 외국에서 밀매행위를 하다가 국제적 망신을 당하는 것을 보고도 놀랐다.
  모택동 사망 이후의 중공의 주권 이양 문제, 미국에서는 대통령이 바뀌어서 새로운 정책이 구상되고 실천될 것이다. 이와 같이 시간의 흐름에 따라서 우리의 생활은 쉴 새 없이 변천해 나가는 것이다. 묵은해의 온갖 괴로움과 아픔이 다 지나가고, 우리의 생활에 새로운 희망을 줄 수 있는 새해를 맞이하는 것은 기쁜 일의 하나이다.
  "뜻이 있는 곳에 방도가 있다"는 말도 있지만, 시인 알렉산더 포프(Alexander Pope)는 "희망은 사람의 가슴속에서 영원히 솟아날 것이다"라고 했다. 좀더 행복하고 참된 생활을 의욕적으로 하기 위해서 우리는 새해마다 새 희망과 새 결심을 가져야 할 것이다.
  새로이 뽑힌 미국의 카터 대통령은 그의 민주당 지명대회 연설에서 이런 말을 한 것이 기록되었다.
  "도대체 야심이 없는 자가 대통령 선거에 나서지는 않는다. 그러나 야심이란 단어는 자기가 지닌 능력을 유용한 용도에 진력한다는 의미 위에 성립되는 것이다."
  새해를 맞이하는 우리들은 저마다 새로운 희망과 의욕과 그 능력을 유용하게 진력할 결심을 가져야 할 것이다. 나는 과거 십여 년간 새해마다 새로이 갖는 일기장 첫 면에다 "성내지 말자"라고 표어 같은 것을 써놓고 펼칠 때마다 반성을 해보았다. 자식들 간이나 부부간에 사소한 일에 감정을 내고 신경질을 부리는 나의 성질이 그릇된 것임을 잘 알면서도 참지를 못했던 때문이다.

신경이 과민된 현대인들은 사소한 일에도 참을성이 없이 다툴 때가 많지만 이것은 개인 간이거나, 가정이나, 사회에 좋지 못할 뿐만 아니라, 생각지도 못했던 큰 화를 가져올 수도 있다는 것을 우리는 신문 사회면에서 가끔 읽을 수가 있다.

누구에게선가 들었지만 "작은 화가 날 때에는, 하나 둘 하고 스물까지 세고, 큰 화가 났을 때에는 백까지 세면서 백 번 화를 참고 이성을 잃지 말라"는 좋은 말을 들은 지 오래이다.

정월의 흰 눈이 덮인 들판에 나가면 나는 하얀 눈 위에 글자를 쓰기를 좋아했다. '고상한 이상, 평범한 생활.' 이것은 중학시대에 내가 읽은 찰스 램(Charles Lamb)의 구절이다. 나는 지금까지 이 글귀를 좌우명과 같이 마음속에 깊이 간직하고 살아왔다. 심심하면 하얀 눈 위에도 가끔 써봤다.

몇 년 전만 해도 밀물이 들어왔다 나간 깨끗한 모래판이나 하얀 눈 위에다 맥아더 장군의 글귀를 쓰기를 즐겨하기도 하였다.

'청춘은 나이를 따지지 않는다.' 또는 '노병은 죽지 않는다, 사라질 뿐이다.'

그러나 금년의 나의 일기장 첫 면에는 '건강과 평화'라고 나 자신의 좌우명을 쓰려고 생각한다.

뜰밖에 쌓인 눈을 내다보면서 옛 스승님의 간곡했던 가르침을 회상할 때도 많다. 내가 보성전문학교(현 고려대)에 다닐 때 영문법을 가르치던 백상규 교수의 가르침이었다. 첫 시간에 하시던 그의 말씀은 아주 간곡하고 진리가 깊었다.

추운 겨울날, 방안의 뜨뜻한 아랫목에 앉아 있다가 밖에 나가서 눈사람을 만듭니다. 더운 두 손으로 차디찬 눈을 쓸어모아서 두 손으로 움켜쥡니다. 그리고 딴딴하게 정구공같이 빚습니다. 차디찬 눈이 더운 손길에 녹아서 손가락 사이로 줄줄 흐르고, 손가락은 빨갛게 상기되고 떨어질 듯이 시리고 차갑습니다. 그러나 이렇게 뼈가 저리도록 차가움을 꾹 참고 딴딴하게 빚어야 합니다. 그렇지 않으면 축구공만 해질 때 그만 터지고 맙니다.

　모든 것은 기초가 딴딴하고 튼튼해야 합니다. 이렇게 딴딴하게 빚은 눈덩어리를 손으로 이리저리 굴리면 곧 축구공만해집니다. 그러면 손을 툭툭 털고 두 주머니 속에 손을 넣고, 발로 한번씩 차서 굴리기만 하면 눈덩어리는 가속도로 커집니다. 이렇게 해서 커다란 눈사람을 만들 수 있는 것입니다. 그러므로 학생들은 눈사람의 기본이 되는 첫 눈덩어리를 차가움을 참고 빚어야 하듯이, 영문법의 기초를 잘 닦아서 배우면 당당한 영문학자가 될 수 있을 것입니다.

　이 진리는 공부하는 학도들에게만 적용되는 것이 아니고, 목돈 자금을 모으려는 가정주부들로부터 큰 사업을 경영하는 기업가에게도 적용이 되는 것입니다. 모든 사업은 그 계획에 있고, 또한 그 계획은 기초부터 튼튼히 닦는 데 있습니다.

　이렇게 삶의 근본적인 진리를 가르쳐주시던 스승님은 6·25 사변 때 이북으로 납치된 채 생사를 알 수 없는 가슴 아픈 상황으로 남아 있다.

　1977년의 새해를 맞이하는 우리들은 각자 스스로의 의욕적인 희망을 안고 새로운 결심과 함께 굳세게 살아야 할 것이다. 거짓이 없는 참된 개성을 이룩하고 성실한 삶을 가져야만 우리도 선진국가의 대열에 끼어들 수 있을 것이다. 공장을 많이 건설하고, 국민의 수입이 높아간다고 해서 문화 국민이 되는 것은 아니다.

　"거짓말을 하지 말자. 농담이라도 거짓말을 섞지 말자. 꿈에도 거짓말을 하지 말자."

　이것은 도산 안창호 선생님의 간곡한 말씀이다. 새해부터는 부정, 부패, 가짜가 없는 깨끗하고, 성실하고, 행복한 사회를 이룩하기로 새로운 결심을 갖고, 하루빨리 남북 평화통일을 위해서 굳세게 일하자.

《여성동아》 1977년 1월호

2월의 새싹

　소한(小寒), 대한(大寒)의 폭군과 같이 무서웠던 추위가 어느덧 바람과 함께 지나가고 새봄의 따스한 얼굴이 입춘과 함께 다가오고 있다. 입춘 날이면 '立春大吉'이라는 네 글자를 하얀 종이에 써서 대문 위에나 기둥 위에 붙이던 풍습이 아직도 남아 있다. 그러나 요사이는 거의 볼 수가 없고, 절간이나 농촌의 큰 기와집 대문에서 가끔 볼 수 있다.
　몇 년 전 안동에 가서 어떤 큰 기와집 대문 위에서 이러한 글귀들이 붙은 것을 본 일이 있다.

　　　壽山福海(수산복해)
　　　鶴壽松齡(학수송영)

　목숨은 산과 같이 튼튼하게 길고, 복은 바다와 같이 넓고 깊으라는 것과 천년을 산다는 학의 목숨과 같이 오래 살고, 늙은 소나무의 나이와 같이 오래 살아야겠다는 축원의 글귀들이다.
　우리는 새해와 새봄을 맞이할 때마다 새 희망과 새 결심을 가지게 되는 것이고 그것은 하나의 아름다운 꿈이기도 하고 또한 가치 있는 삶의 욕구이기도 한 것이다. 아직 눈이 채 녹지 않은 들판에서는 앙상하게 발가벗은 나뭇가지들만을 바라볼 수 있지만, 누런 잔디가 덮인 언덕과 산에서는 한결 더 푸르러진 소나무와 대나무를 바라볼 수가 있다. 소나무와 대나무에 대한 시조를 두어 편 감상해 본다.

더우면 곳퓌고 치우면 닙디거늘
솔아 너란 엇디 눈서리를 모란난다
구천의 불휘 고단 줄을 글로 하야 아노라.

(더우면 꽃이 피고 추우면 잎이 지는 것인데
솔아 너는 어찌하여 눈과 서리를 모르느냐
땅속 깊숙이 뿌리가 곧게 박힌 것을 그것으로 인해 아노라.)

나무도 아닌 거시 풀도 아닌 거시
곳기난 뉘 시기며 속은 어이 뷔였난다
뎌로코 사시에 프르니 그를 됴하 하노라.

(나무도 아닌 것이요 풀도 아닌 것인데
곧은 것은 누가 시킨 것이며 또 속은 어이해 비어 있는가
저렇고도 사철에 푸르니 그를 좋아하노라.)

이 두 편의 시조는 윤선도가 지은 것이다. 그는 물·돌·솔·대와 달의 다섯 가지 자연을 벗으로 하여 「오우가(五友歌)」를 지었으며 특히 솔과 대에 대한 것은 그의 명작이라고 말할 수 있을 것이다. 예부터 우리는 솔과 대를 군자(君子)의 절개요, 기상이라고 여겨온 것이다.

이와 같이 사철을 푸른 기개로 자라나는 소나무와 대나무는 우리나라 밖에서는 좀처럼 볼 수 없는 것들이다. 산마다 푸른 솔이 없고, 언덕 마루턱마다 푸른 대가 없으면 어떻게 우리나라를 금수강산이라고 말할 수 있을까. 송죽은 우리의 기상이요, 우리의 보배라고 할 수도 있을 것이다.

우수(雨水)가 가까워지면 땅땅 얼어붙었던 검은 얼음장이 헤실바실 하얗게 녹기

시작하고, 냇가에 시냇물은 얼음장 속에서 꿈틀거리는 뱀과 같이 구불구불 조용히 흘러내리기 시작한다. 봄의 숨결과 같은 새 생명의 움직임이요, 시작인 것이다. 어느덧 매화가지 위에는 꽃망울들이 옹기종기 나붙어서 한두 망울 빨간 입술을 벌리고 웃음을 짓는 것도 있다. 아직도 나무 그늘 밑에는 흰 눈이 그대로 깔려있는데, 웃음 짓는 처녀의 두 볼과 같이 불그스레한 매화꽃은 새롭고, 맑고 또한 화사하기만 하다. 이따금 가지 위에는 참새들이나 들새들이 찾아와서 즐거운 소리로 지저귀고 있다.

"여보, 춥고 굶주림의 긴 겨울은 가고, 새봄이 찾아와서 이렇게 고운 꽃이 피었으니 얼마나 좋아요? 아무 걱정을 말고 또 한 해를 즐겨 봅시다."

"아이, 참 기뻐요. 이젠 그 습기가 차고, 냄새에 코를 찡그리던 노목의 구멍 속에선 자지 않아도 되지요!"

재잘거리는 한 쌍의 새의 대화에서 나는 이런 말을 듣는 것 같다. 이른 봄 맨 처음으로 우리의 밥상에는 울릉도에서 건너오는 명이나물이 놓여진다. 이 나물은 눈 속에서 자라서 눈이 녹자마자 캐서 먹는 고급 채소다. 20센티미터쯤 되는 이 나물의 모양은 파와 비슷하게 생겼으나 위의 푸른 부분은 파초와 같이 갈피로 싸였고, 서양의 고급 채소인 아스파라거스와 비슷하게 생겼다. 데쳐서 초집에 찍어 먹으면 아스파라거스 못지않게 향긋하고 달콤하다.

명이나물이라고 부르게 된 것은, 울릉도에 주민이 적을 적에 바다에서 파선당한 사람들이 섬에 올라와서 이 나물로 명(命)을 이어갔기 때문이라고 한다. 이른 봄 울릉도에서 포항으로 명이나물이 나오면 고속도로의 편의를 이용해서 부산, 대구, 서울로 퍼져나간다. 명이나물은 맛도 향긋하지만 바위섬인 울릉도의 산과 들에서 절로 자라나는 자연산이라는 데 더 가치가 있는 것이다. 눈이 녹은 양지쪽 언덕 위에 누런 잔디밭으로 나가 보면 파릇파릇한 속잎들이 머리를 들기 시작하고 할미꽃의 새싹들이 여기저기 보이기 시작한다.

무엇보다 억센 억새풀의 새싹들은 어린애의 손가락같이 빨갛게 솟아오른다. 이

것이 자라나면 갈대와 같이 키가 크고, 또 갈대와 같은 흰꽃을 피우고 늦가을까지 개울가나 무덤 옆에 서서 너울거린다. 이것의 새싹이 좀더 자라서 속이 부풀게 되면 그것을 빼서 작은 묶음을 지어 '삐야기'로 애들에게 팔기도 하였다. 나도 어릴 때 억새풀의 새싹을 사 먹은 일도 있지만 그것을 뺄 때 '삐악' 하고 소리가 난다고 해서 '삐야기'라고 부른 모양이고, 억새풀인 만큼 그렇게 억센 싹이기도 한 것이다. 이렇게 해서 힘차게 자라나는 새싹들은 하나의 희망이기도 하고 또한 하나의 힘찬 의욕이기도 한 것이다.

우리의 마음속에도 새봄을 맞이하면서 이러한 희망과 억센 의욕의 싹이 터 올라와야만 할 것이다. 우수가 지나면 대동강이 풀린다는 계절이기도 하지만, 아침부터 해가 떠오르면 익은 레몬 빛과 같이 새맑은 햇볕이 나의 얼굴을 흘러내리기도 한다. 참으로 화사한 날씨다. 아직 밭을 갈고 씨를 뿌리는 시절은 아니지만 들에는 마을 앞마다 온실재배를 하는 비닐하우스가 수없이 서 있다. 그 속에서 자라나는 작물들을 들여다보면, 상추, 쑥갓, 외, 토마토 등의 싱싱한 채소와 빨간 딸기들이 소복이 커가고 있다. 이것은 확실히 근대화를 지향하는 우리들의 슬기로운 노력이라고 할 수 있을 것이다.

국토가 광대한 미국에 갔을 때 사철 신선한 채소와 과일을 먹을 수 있는 미국 사람들의 행운을 무엇보다도 부러워하였다. 네이블 오렌지, 레몬과 온갖 채소와 과일은 캘리포니아에서 나오고, 피한지인 상하의 플로리다에서는 그레이프룻과 멜론 등이 수없이 나와서 미국 각지에 사철 공급이 되고 있었다. 사철 신선한 채소와 과일을 즐길 수 있는 미국 사람들이 한없이 부러웠다.

그러나 지금 우리도 우리의 슬기와 노력으로써 남이 부럽지 않은 나라를 건설하고 있는 것이다.

《여성동아》 1977년 2월호

3월의 아지랑이

3월이 오면 대지(大地)는 숨을 쉬기 시작한다. 긴 겨울의 매서운 추위 속에서 꽁꽁 얼어붙었던 땅 속이 누그러지고, 찬 겨울 코에서 뿜어 나오던 콧김과 같은 더운 김이 땅 위에 솟아오르기 시작한다. 3월이 오면 레몬색과 같이 노오랗던 햇볕이 오렌지색으로 변하고, 먼 산 밑에는 아지랑이가 어른거린다. 경칩철이 오면 얼어붙었던 대동강도 풀리고, 땅 속에서 긴 겨울을 잠자던 개구리의 눈이 떠지고 입이 벌려진다고도 한다.

경칩날 논의 물이 괸 자리를 찾아다니면 새로이 낳은 개구리알들을 주울 수가 있다. 흐늘흐늘한 둥근 꺼풀 주머니 속에 수십 개의 까아만 개구리알들이 들어 있다. 경칩날의 개구리알을 먹으면 위장병에도 좋고 보신도 된다는 말을 들었기에 경칩날마다 개구리알을 주워서 술과 함께 먹어본 일이 있다. 개구리알을 먹어서인지 그 후부터 위가 많이 좋아졌고, 늘 장복하던 소화제를 별로 먹지 않는다. 그것보다도 어떻게 개구리가 오랜 잠 속에서 깨어나자마자 그날로 알들을 낳을 수 있는지. 가을에 가졌던 알들을 그대로 품고 자다가 봄과 함께 새 생명을 내어놓는지 동물학자가 아닌 나로서는 잘 알 수가 없다. 다만 조물주의 신비로운 섭리에 놀랄 뿐이다.

3월이 오면 꽃 피는 시절이 시작이 되고, 산마다 분홍색 진달래꽃들이 곱게 피어나기 시작하고, 어디서인지 꿀벌들과 흰나비, 노랑나비들이 어울려서 날아다니기도 한다. 숲속에서는 작은 산새들이 포롱포롱 날기도 하고, 힘찬 소리로 재잘거리기도 한다. 보리밭 위에서는 노고지리들이 쌍쌍이 어울리어 줄기찬 노래를 그치지 않고 불러댄다. 3월은 일 년의 네 철의 첫 계절인 새봄이 시작되는 달이요, 정말로 새봄의 숨결이 시작되는 달이다. 등산을 즐기는 아이들, 어른들, 늙은이들 할 것 없이, 모두들 해 뜨기 전부터 산으로, 숲으로 산책을 하며 소리도 지르고 또한 노래를 부르기도 한다. 참으로 삶의 행복을 피부로 느낄 수 있는 줄기찬 계절이기도 하다.

  3월이 오면 또한 낚시꾼들의 꿈을 부풀게도 하는 새봄이다. 신문의 발표를 보면 우리나라에도 수백만의 낚시꾼들이 있다고 한다. 몇 십만 원의 낚시도구들을 장만해 가지고 휴일마다 못이나, 강변이나, 바다로 행차하는 그들의 행사는 그들의 육신이나 정신건강에 좋은 수양을 가지게 하는 것이다. 그리 나쁘지 않은 오락이라고 생각이 된다. 다른 선진국가들에도 낚시꾼들이 많이 느는 형편이고, 호수가 많은 미국에는 천여만 명의 낚시꾼들이 있다. 그들은 호수 가운데서 고기를 낚기 위해서 가벼운 알루미늄의 모터보트를 자동차 지붕 위에 싣고 다니고, 호숫가에는 여관도 있고, 작은 통조림 공장도 있어서 잡은 고기들을 통조림해서 가져올 수 있는 편리한 시설이 갖추어져 있다.

  해마다 우리나라에서도 낚시도구의 개량이 되어 가고, 낚시 행사가 조직적으로 진행되고 있음은 우리의 생활여유가 높아가고 있다는 것을 말하여 주는 것 같다. 낚시질이나 고기잡이는 예부터 재미있는 오락이고 행사였던 모양이다. 윤선도(尹善道)의 시조에도 이런 것들이 있다.

      구즌비 머저가고 시냇물이 맑아온다 배띄워라 배띄워라
      낫대를 두러메니 기픈 흥을 금못할되 지국총 지국총 어사와
      연강첩장은 뉘라셔 그려낸고

      (궂은비는 멎어가고 시냇물이 맑아온다. 배를 띄워라.
      낚싯대를 둘러메니 깊은 흥을 금하지 못 하리로다.
      안개 낀 강과 첩첩이 쌓인 저 산봉우리는 그 누가 그려내었는고.)

또한 이런 것도 있다.

> 날이 덥도다 물 우희 고기 떳다 닫드러라 닫드러라
> 갈며기 둘식 세식 오락가락 하나고야 지국총 지국총 어사와
> 낫대는 쥐여 있다 탁주병 시럿나냐
>
> (날이 덥구나 물 위에 고기가 떴다. 닻을 들어라, 닻을 들어라.
> 갈매기가 둘씩 셋씩 오락가락하는구나.
> 낚싯대는 쥐고 있다. 탁주병을 실었느냐.)

하도 고기가 물리지 않을 때나, 너무 많이 물려서 바쁘게 작업을 하고 난 뒤에는 반드시 술이 필요하다. 피곤을 푸는 데도 좋고, 흥을 돋우는 데도 도움이 된다. 무거운 탁주통을 지고 가지 않아도 소주나 위스키 한두 병이면 되고, 안주도 땅콩이나, 크래커나, 치즈 따위면 훌륭하다.

3월이 오면 새 학기가 시작이 되는 학교의 달이기도 하다. 학생도 바쁘고 선생도 바쁜 계절이다. 초등, 중학, 고등, 대학 등에 새로이 진학하는 학생들의 가슴은 새 꿈과 희망에 부풀고 넘치는 계절이다. 또한 해마다 올라가는 교육비 때문에 식생활을 잘 조리해 나가야 할 학부형들과 주부들의 주의가 따라야 할 시기이기도 한 것이다.

3월이 오면 농부들의 일손도 한없이 바빠진다. 보리밭에 김도 매야 하고, 모판자리에 손질도 해야 한다. 옛날부터 '농자천하지대본'이라고 해서 식량생산에 힘써 왔으며, 요사이는 나라마다 녹색혁명운동을 일으키어 식량증산과 농가소득을 높이는 운동이 활발하게 진행되고 있다. 우리나라에서는 사농공상(士農工商)이라고 해서 선비와 행정요원들을 우위에 두고, 먹지 않고는 살 수가 없으니까 식량을 짓는 농사꾼을 다음에 놓고, 호미·낫·보습과 같은 쟁기가 있어야 농사를 짓겠으

까 대장장이를 또 그다음에 놓고, 남의 물건을 사고파는 사람은 공짜로 이익을 남겨먹는다고 장사치라고 부르고 맨 꽁무니로 푸대접했다.

그러나 다른 선진국가들의 예에서 그 배열을 보면 전혀 거꾸로이다. 상공농사(商工農士)이다. 기술적으로 장사를 잘해서 주문을 많이 맡아야 공업 하는 사람들이 만든 물건들을 많이 팔 수가 있고, 또한 공업의 원료를 만들고 식량을 만드는 농사꾼이 필요하고, 선비들과 관직을 가진 사람들은 사회와 국가를 위해서 봉사를 하는 참다운 공복(公僕)들인 것이다. 이러한 근대화를 위해서 우리나라의 공업화와 농업 기계화를 위한 새마을운동은 활발하게 진척돼 나가야 할 것이다.

3월은 또한 우리의 민족정신의 달이기도 하다. 반만년의 역사를 자랑하던 우리의 나라를 1910년에 일본에게 빼앗기고, 1919년 3월 1일에 우리는 자주독립의 광복결의를 세계만방에 선포했던 것이다. 36년의 일본의 악정에서 벗어나고 광복을 되찾을 수 있은 것은 수많은 우리 애국지사들의 피와 목숨의 은덕이지만, 우리는 이 3·1정신을 민족의 혼으로 삼아서 다시는 우리의 역사를 더럽혀서는 아니 될 것이다. 그리고 지금 우리는 불행하게도, 한 겨레, 한 핏줄의 민족이 남북으로 갈라져 있는, 전에 당면해 보지 못한 극한상황에 놓여 있는 것이다. 이것은 우리 대한민국이 직면하고 있는 지정학적 운명임을 각오하는 동시에, 힘차고 거룩한 조상들의 3·1정신을 굳세게 이어받아서 영원한 조국의 번영을 이룩하여야 할 것이다. 3월의 벅찬 숨결과 함께 새 나라를 건설하고 하루빨리 조국의 평화통일을 이룩하여야 하겠다.

《여성동아》 1977년 3월

4월의 꽃향기

청강에 비듯는 소리 긔 무어시 우읍관대
만산홍록이 휘드르며 웃는 고야
두어라 춘풍이 몃날이리 우울대로 우어라

(맑은 강에 비 떨어지는 소리가 그것이 무엇이 우습기에
산에 가득 찬 꽃과 풀이 휘어들면서 웃는구나.
두어라 봄바람이 몇 날이나 불리, 웃을 대로 웃어봐라.)

이종(李宗)의 옛시조 한 수를 음미해 본다. 오랜 추위와 겨울의 가뭄이 지나가고 4월이 오면 봄바람이 잦고 봄비가 잦다. 붉은 꽃과 푸른 풀이 피어날 때에는 짓궂게 꽃샘바람이 날마다 불어댄다. 그것이 오히려 꽃을 피워내게 하는 봄의 숨결인지도 모르겠다. 우리는 모두 꽃을 좋아해서 겨울에도 온실에서 온갖 꽃을 키우기도 하고 심지어는 향내도 윤기도 없는 조화를 만들기도 한다. 그러나 생명이 없는 꽃에는 향내도 윤기도 없을 뿐 아니라, 생기 있고 아름다운 웃음이 피어 있지 못하는 것이다. 꽃은 봄을 의미한다. 우리는 흔히 꽃 피는 봄이라고 한다. 꽃은 들과 산에서 피어나야 한다. 온실에서 키워놓은 꽃은 조화나 비슷하게 윤기도 향내도 없는 것들이다. 이른 봄에 산에서 제일 먼저 무더기로 피기 시작하는 우리나라의 꽃은 수줍은 처녀와 같다는 진달래(참꽃)다. 진달래가 시들어서 지면 벚꽃이 피고 살구나무와 복숭아나무의 꽃들이 우리들의 집 앞 뒤뜰에서 피어난다. 산골짜기와 언덕 위에는 찔레꽃들이 포도송이와 같은 꽃망울들을 보풀려 올린다.

산과 들이 많은 우리나라에는 사철 색이 다른 꽃들이 늘 피어나서 우리들을 항상 즐겁게 한다. 이러한 우리나라의 산에서 피어나는 꽃들을 예찬하여서 부른 김소월(金素月)의 「산유화(山有花)」를 한번 음미해보고 싶다.

    산에는 꽃 피네
    꽃이 피네.
    갈 봄 여름 없이
    꽃이 피네.

    산에
    산에
    피는 꽃은
    저만치 혼자서 피어 있네.

    산에서 우는 작은 새여,
    꽃이 좋아
    산에서
    사노라네.

    산에는 꽃 지네
    꽃이 지네.
    갈 봄 여름 없이
    꽃이 지네.

꽃은 입을 벌리지 않고도 웃음을 머금고, 꽃은 말을 하지 않아도 예쁘고 친절한 표정을 한다. 어른도 어린애도 다 통할 수 있는 이야기를 하고 있는 듯한 아름다운 꽃이다. 우리는 꽃을 통해서 아름다운 봄을 느낄 수도 있고, 그 높고 그윽한 향기를 통해서 우리들의 품위를 높이고 싶은 마음도 가질 수가 있다.

'꽃에 향기가 있듯이 사람에게도 품격이란 것이 있다. 그러나 꽃도 그 생명이 생생할 때엔 향기가 신선하듯이 사람도 마음이 맑지 못하면 품격을 보전하기 어렵다. 썩은 백합꽃은 잡초보다 오히려 그 냄새가 고약하다.'

아름다운 꽃의 얼굴과 그 그윽한 향내를 대할 수 있는 우리들은 다시 한 번 셰익스피어의 위와 같은 말을 되새겨 보았으면 한다. 향긋한 꽃이 피어나는 4월이 오면 산과 들판이 온통 바쁘다. 산에는 나무를 심어야 하고 들에는 곡식의 씨를 뿌려야 한다. 벌보다 산이 더 많은 우리나라에서는 여러 가지의 유실수를 심기도 하고, 산언덕을 무너뜨려 밤단지, 포도단지 등의 산림과 과원조성의 운동이 한창 벌어지고 있다. 우리는 벌써부터 산림녹화를 이룩하고 산림산업을 벌였어야 했을 것이다. 또한 산을 헐어서 골짜기를 메우고, 바다를 메워서 육지를 넓히고, 고원지대에 목축을 장려해서 낙농사업을 개척해 나갈 수도 있지 않을까. 나폴레옹은 '불가능'이라는 단어는 자기의 사전에는 없는 글자라고 하였지만, 철학자 아우구스티누스도 이런 말을 하였다.

'땅 속에 있는 조그만 버러지나 돌 틈에서 자라나오는 한 오라기의 잡초까지라도 신은 그것들이 능히 살고, 자랄 수 있는 힘을 주었다. 하물며 인간인 우리에게 신은 어찌 힘을 주지 않았겠는가! 당신의 팔과 다리에는 그 힘이 무한히 저축되어 있다. 다만 당신이 그것을 충분히 이용하지 않고 있을 뿐이다.'

우리도 있는 힘을 다해서 하루속히 선진국의 대열에 참여해야겠다. 남북평화통일을 위해서도 우리는 힘껏 노력해서 부강한 나라를 이룩하는 길밖에 다른 방도가 없을 것이다.

어느덧 강남에서 제비들이 돌아와서 논벌 위로 즐거운 듯이 가벼운 날개를 펴고 날아다닌다. 노고지리들도 푸른 보리밭 위에서 쌍쌍이 어울려서 노래를 부른다.

샛별디자 종다리 떳다 호미메고 사립나니
긴 수풀 찬 이슬에 뵈잠방이 다 젓거다
아희야 시절이 됴흘제면 옷이 젓다 관계하랴

(샛별이 지자마자 종달새가 떴다. 호미를 메고 사립문을 나서니
긴 수풀 찬 이슬에 베잠방이가 다 젖는구나.
아이야 세월만 좋을 것이면 옷이 젖는다고 한들 관계하랴.)

위의 것은 이명한(李明漢)의 옛시조의 한 수다. 예부터 우리 조상들은 샛별이 지기 전부터 들에 나가서 기쁜 마음으로 부지런히 일을 했다. 현대에 살고 있는 우리들도 남보다 부지런히 일하고 남보다 더 피땀을 흘리면서 일하고 있다. 영하 15도의 추위 속에서도 새마을운동의 작업을 계속하고 있고, 구마(邱馬) 고속도로의 공사를 쉬지 않고 계속해 오고 있다. 추운 영하의 기후 속에서도 산과 들과 또한 바다에서 하루도 쉬지 않고 일을 하고 있다. 또한 우리들은 푹푹 찌는 듯한 무더위 속에서도 일을 쉬지 않았다. 우리의 국군들은 섭씨 35도의 혹서의 나라 월남에 가서도 용감하게 싸웠다. 또한 우리의 산업전사들도 중동과 사우디아라비아의 35도의 무더위 속에서 밤낮을 가리지 않고 부지런히 일하고 있다. 이렇게 강인한 체질과 의지와 뛰어난 우리 민족의 슬기는 우리의 영원한 생명이요, 긍지라고 할 수 있을 것이다. 이러한 우리 민족의 긍지를 날로 더 넓히고, 높여야 할 것이다. 그렇게 함으로써 우리는 행복하게 살 수 있고 또한 영원히 살 수 있을 것이다.

산에 들에 꽃향기 드높고, 나무를 심고, 꽃씨와 나락씨를 뿌리는 4월이 되었어도 나는 작은 텃밭이나, 넓은 화단 하나 못 가진 것이 서글프다. 좁은 뜰 안이 몽땅 시멘트판이요, 옆집의 담 아래에 두어 평 정도의 모래판으로 된 화단이라는 구석이 있을 뿐이다. 이 좁은 화단에도 여기저기 서너 그루의 장미와 몇 그루의 사철나무들이 서 있어서 꽃씨를 심기에는 알맞지 않다. 그래서 지난해에는 이 구석 저 구석

빈자리에 상추와 쑥갓씨를 뿌려놓았었다. 꽃과 열매를 바라지 않는 이 채소에는 거름을 줄 필요가 없다.

시장에서 사오는 상추와 쑥갓은 인분 비료를 뿌리는 밭에서 온 것이기 때문에 싱싱하기는 하여도 더러워 보이고 꺼림칙하다. 나의 손으로 화단에 뿌린 상추와 쑥갓은 언제 먹어도 향긋하고 깨끗하다. 그러나 상추와 쑥갓은 몇 날이 안 가서 쇠기 때문에 뽑아버려야 한다. 그래서 금년엔 박을 심어서 벽 위에 올리고 배꽃과 같이 희고 고아한 하얀 꽃과, 꽃을 찾아서 날아드는 왕벌도 아니요 나비도 아닌 떡풍이가 긴 수염인지 입인지 길게 내버티고 박꽃들을 쑤시는 모양이 보고 싶기도 하다. 어렸을 때 보던 떡풍이의 날던 모습이 하도 우스웠기 때문이다.

그러나 남의 벽 위에 무거운 박을 올릴 수는 없는 노릇이다. 그래서 빨간 꽃이 곱게 피는 넝쿨콩을 심어서 꽃도 보고 열매도 따고 싶다.

《여성동아》 1977년 4월

5월의 신록

5월은 새로이 돋아나는 싱싱한 풀잎새들이 꽃보다도 더 곱고 향기롭다는 입하(立夏)의 달이다. 서양에서도 5월은 스위트 메이라고 불러서 향긋하고, 달콤하고, 부드러운 여름의 첫 계절이라고 한다. 천 가지 만 가지 아름다운 꽃들이 지고 나면 새롭고 싱싱한 잎새들이 피어나서 우리의 눈을 시원하게 하고 즐겁게 해준다. 신흠(申欽)의 옛시조에도 5월의 푸름을 예찬한 것이 있다.

  곳디고 속닙 나니 시절도 변하거다
  물소개 푸른 버레 나뷔되야 나다닌다
  뉘라서 조화를 자바 천변만화 하난고

  (꽃이 지고 속잎이 나니 시절도 변하였다.
  물속에 있던 푸른 벌레가 나비가 되어 날아다닌다.
  그 누가 조화하는 힘을 잡아서 천변만화의 조화를 하는고.)

이와 같이 세월은 하느님의 섭리를 좇아서 무수한 변화를 가져오지만, 5월은 춥지도 덥지도 않고, 지상의 만물들이 힘차게, 또한 억새풀과 같이 싱그럽게 자라나는 계절이다.

10월의 코발트색 높은 하늘과는 정반대로 보라색 도라지꽃과 같은 명랑하고 낭만적인 빛을 지니는 5월의 하늘빛이다. 또한 처녀애들의 손가락 끝과 두 뺨들은 복숭아꽃 봉오리와 같이 불그스레 보풀어 오르는 계절이다. 젊은 남녀들이 사랑도 하고, 열매도 맺는 계절이기도 하다. 모든 생물들이 가을에 성숙할 열매를 맺는 좋은 계절이 5월이다. 더 넓게 말하자면, 5월은 1년의 가장 약동을 시작하는 달이기도 하고 일생의 20대 또는 30대와 같은 꿈이 많은 젊은 시절과 같은 계절이기도 하다. 일생의 장래를 크게 낙관하는 야심을 품을 수도 있고 일생의 장래를 비관하고 낙심하기도 하고, 또한 모든 것을 초월하려는 인생철학을 정립하려는 시절이기도 한 것이다. 예나 지금이나 인생은 꿈에서 살고 현실에서 살면서 온갖 꿈과 회의를 되풀이하면서 살고 있다. 옛시조 두 편에 이런 것이 읊어져 있다.

책덥고 창을 여니 강호에 배떠 있다
왕래 백구난 무슴 뜻 머겻난고
앗구려 공명도 말고 너를 조차 놀리라

(책은 덮고 창을 여니 강호에는 배가 떠 있다.
오락가락하는 흰 갈매기는 무슨 생각을 먹었는고.
아서라 모든 공명심을 그만두고 너를 따라 놀리라.)

이것은 정온(鄭蘊)의 시조이지만, 장만(張晩)의 이런 시조도 있다.

풍파에 놀란 사공 배파라 말을 사니
구절양장이 물도곤 어려웨라
이후란 배도 말도 말고 밧갈기만 하리라

(풍파에 놀라난 사공이 배를 팔아 말을 사니
꼬불꼬불한 험한 산길이 물(바다)보다 어렵도다.
이후에는 배도 말도 말고 밭 갈기나 하리라.)

예나 지금이나, 인간은 살아가기 위해서 고민도 하고 투쟁도 해온 것이다. 또한 자연의 혜택에서 삶을 이어가려던 시대는 지나갔고, 자연의 섭리를 연구하고 이용함으로써 우리의 삶을 이어갈 수밖에 없는 시대를 맞게 된 것이다. 5월은 농사짓기를 시작하는 달이기도 하다. 조·목화·옥수수·낙화생·채소 등을 파종하는 때이기도 하지만 비닐하우스는 싱싱한 푸른 채소와 오이·풋고추 등을 가꾸기에 밤낮으로 일손이 한창 바쁠 때이다.

농사의 근대화를 위해서 근래에 이룩해 놓은 큰 성과는 제주도와 남해지방의 귤나무 재배와 비닐하우스의 속성재배법의 슬기를 이룩한 것들이다. 일본에서 수입해야 할 귤을 마음대로 먹을 수 있게 한 것이다.

북위 67도 북극권인 맨 북쪽에 자리하고 있는 인구 22만의 아이슬란드에서도 온실과 비닐하우스의 재배로 푸르고 싱싱한 채소를 언제나 얼마든지 먹을 수 있다고 한다. 채소뿐만 아니라 지열을 통한 온실에서 바나나와 같은 열대 식물들도 재배를 한다는 이야기다. 지열을 이용해서 여러 가지 푸른 나무들이 자라고 있어서 아이슬란드는 '얼음의 땅'이 아니라, 녹지대라고 불릴 만큼 푸른 땅이라고 한다. '푸른 땅'이라고 이름 하는 '그린란드'는 불모의 땅이고, 하얀 얼음판으로 깔려 있어서 '아이슬란드'와 이름이 서로 엇갈렸다는 이야기도 있다는 얘기다.

아이슬란드에 대해서 또 한마디 하고 싶은 것은 1973년 영국과의 벌어진 '대구전쟁'이다. 아이슬란드 연안은 대구·청어·농어·넙치 등의 황금어장이다. 아이슬란드 어업전관수역에 영국의 어선함대가 밀려와서 대구를 마구 잡아갔기 때문에 일어났던 전쟁이다. 군인이 한 명도 없는 아이슬란드인이지만, 강인한 바이킹족의 정신으로 외교적 활동을 통해서 전쟁을 승리로 이끌어나갈 수 있었다.

요사이 우리들이 당면하고 있는 고충도 각국에서 설정하고 있는 2백 해리 어업전관수역의 설정이다. 그동안, 수많은 귀한 생명들을 희생해서 이룩한 원양어장을 거의 다 잃게 되고, 남의 나라와 합작어로를 하지 않으면 새 어장을 개발해 나가야 할 난처한 입장에 당면하였다.

'파도에 놀라난 사공이 배를 팔아 말을 사니' 하던 옛날과는 달리 우리는 더욱더 많은 원양어선이 출어할 수 있는 역량을 마련해야 하겠다. '험한 산길이 물(바다)보다 어렵도다' 꼬불꼬불한 산길도 고치고, 고속도로와 전기철도 인체의 혈관과 같이 부설해야 하겠다. 자동차도 많이 만들고, 비행기도 만들어서 공업의 근대화를 크게 이룩해야 하겠다. 국방력을 강화하는 데도 힘이 되고, 우리의 생산품을 옮겨가는 데도 '옛날의 말'로써 하던 것보다 몇 천 배, 몇 만 배 더 해야 하겠다. 절구와 맷돌을 쓰던 나의 어린 시절을 추억해 보면 세상은 이렇게 발전하였나 하고 놀라울 정도이기도 하고 또한 우리들의 긍지를 느낄 수도 있는 것이다.

얼마 전 영국의 〈이코노미스트〉 잡지는 '한국은 일어선다'라는 제목으로 우리나라의 경제발전을 소개하고 이렇게 찬양했다는 신문보도를 읽은 바 있다. '한국은 개발도상국가가 아니라 신진산업국가로서 한국 특유의 경제 기적을 이룩해가고 있다' 한국 경제를 일본과 비교한 끝에 '적어도 한국의 경제는 1960년대의 일본과 같다'라는 찬사와 함께 '한국은 이제 개발도상국이 아닌 청년기의 공업국이다'

일본은 물론이고 다른 나라에서도 업신여김을 받아오던 우리에게 이렇게 올바른 비평을 해주는 것이 얼마나 기쁜지 모를 일이다. 적어도 우리나라는 미국에 1백 년이 떨어지고 일본에 50년이 떨어졌다고 우리들 자신도 생각해오던 것이 어제와 같다. 이제 우리는 남들도 인정을 하는 경제의 발전을 기적 이상의 노력으로 피땀을 흘려서 이룩하고 있다. 개인이나 민족이 남에게 인정되고 정당한 대우를 받으려면 먼저 자신의 실력을 과시하는 길밖에 없는 것이다. 국제외교도 국력이 없이는 이루어질 수 없는 것이다.

싱그럽고, 파릿파릿한 신록의 5월은 한 해의 젊은 청춘과 같은 계절인 것이다. 이러한 청춘기의 줄기찬 공업으로서 번영의 경제성장을 이룩하는 데에도 힘을 합해서 매진하여야 하겠지만, 우리 조상들의 얼을 받들어 충성과 효도를 다할 수 있는 새 마음의 성실한 국민이 되기로 힘써야 할 것이다. 새로이 피어나는 파아란 오동나무의 잎새는 오늘도 그 푸른색과 그 크기를 더하고 있다.

《여성동아》 1977년 5월

일손이 바쁜 6월

꽃향기 드높던 4월도 지나가고, 푸른 잎들과 잔디의 싱그러운 내음을 가슴속 깊이 숨 쉴 수 있었던 신록의 5월도 어느덧 물과 같이 흘러가고, 더위와 함께 약동하는 6월을 맞이한다.

> 녹양이 천만산들 가난 춘풍 매어두며
> 탐화봉접인들 디는 곳츨 어이하리
> 아모리 사랑이 중한들 가는 님을 어이하리

> (푸른 버들가지가 천만 오라기의 실이라 한들 가는 봄바람을 매어둘 수 있을   것이며
> 꽃을 찾아다니는 벌과 나비라 한들 지는 꽃을 어떻게 하리.
> 아무리 사랑이 중하다 한들 떠나는 님을 어이하리.)

이원익(李元翼)의 옛시조의 한 수다. 6월은 낮이 제일 긴 하지(夏至)철이 들어 있는 무더위가 시작되는 계절이기도 하고, 만물이 약동하는 한 해의 복판이기도 하다. 바다에서는 수온이 평정하여, 서해에선 조기잡이가 한창이고, 동해에선 명태잡이가 바쁠 때다. 밭에서는 보리타작을 끝내고 다시 밭을 갈아서 콩이나 팥도 심어야 하고, 논에선 모심기를 서둘러야 한다.

'유월농부, 팔월신선'이라는 속담도 있지만, 풋병아리가 커서 울기 시작하는 때가 농가에서는 눈코 뜰 새가 없이 가장 바쁜 때이다. 또한 모심기를 하는 때가 가장

중요하고, 제일 일손이 모자라는 때이기도 하다. 모심기는 먼저 북에서부터 시작하여서 차차 남으로 해나가고, 벼 수확은 늦게 모내기를 했던 남에서 먼저 시작하여서 차차 북으로 올라가면서 늦게 하게 된다. 이유는 북쪽은 기후가 차가워서 벼를 성숙시키는 기일이 길고, 남쪽은 기후가 더워서 곡식이 잘 자라기 때문에 짧은 시일에 보리와 벼의 이모작을 하기 때문이다. 그 때문에 긴 시일을 걸려서 수확한 만주나 북쪽의 쌀은 짧은 시일의 이모작을 해서 거둔 남쪽의 쌀보다 맛이 더 좋다. 삼모작을 해서 짧은 시일에 거둔 안남미가 맛이 적은 것도 이런 탓이다.

차를 타고 여행을 하면서 차창을 통해서 젊은 남녀들이 곱게 줄을 지어서, 붉은 팔뚝과 흰 다리를 걷어 올리고 율동을 하듯이 움직이며 모시기를 하는 것은 보기에도 아름다운 풍경이다. 이런 때, 나는 가끔 고향의 농촌에서 모심기나 김을 매면서 젊은 농부들이 즐겨서 부르던「기나리」의 가락을 연상해 본다.

    연분홍 저고리/ 남길섭 달이/ 너 입기 좋구요/ 나 보기 좋구나/ 아이콩, 아이콩 성화로구나.
    시집의 살이는/ 할찌나 말찌한데/ 호박에 박넝쿨/ 지붕만 넘는다/ 아이콩, 아이콩 성화로구나.
    긴풀이 난데는/ 잔 호미 가고/ 우리님 간데는/ 내 눈초리 가네/ 아이콩, 아이콩 성화로구나.

십여 년 전만 하여도 모심기 때에는 도시에 있는 여성들이 헌 양말들을 거둬서 농촌으로 보내는 운동을 폈었다. 피를 빨아먹는 거머리들을 막기 위해서 여자들은 헌 양말들을 신고 모를 심었다. 그러나 요사이는 애멸구나 다른 벌레들을 죽이는 살충제 때문에 거머리들도 멸종이 되어서 헌 양말이 필요가 없게 되었다.

돈벌이를 위해서 땅꾼들이 산에 있는 뱀을 많이 잡아서 등산객들의 위험을 덜어 주기도 한다. 우리에게 해롭고 위험한 것은 모두 제거해야 할 것이다. 6월은 약동의 계절이다. 산천초목이나, 곤충이나 동물 할 것 없이, 모든 생물은 움직이고 자라고 여물어간다. 로마의 시인 세네카는 '게으름은 침체요, 노동은 삶의 힘이다'라고 했다. 우리는 모두 삶을 이어가기 위해서 움직여 일을 하여야 하는 의무를 타고났다. 먼저 나의 생명을 위하고, 사회와 나라를 위해서, 또한 온 인류를 위해서 나의 본분과 의무를 지켜야 할 것이다.

나의 본분을 찾기 위해선 나를 길러주신 부모의 사랑과 은혜를 감사히 생각할 줄 알고, 보답할 줄 알아야 할 것이다. 인간된 책임을 다하기 위해선 모든 일에 충성을 다하여 성실히 일을 하여야 하겠다. '충의(忠義)는 어린애들같이, 또한 풀잎새들같이, 모든 곳에서 자라고 있다' 철인 에머슨의 말이다.

'거짓을 미워하고 오직 성실하게 살자'고 하신 도산 안창호 선생의 교훈을 나는 늘 잊지 않고 살아온다. 우리 민족의 가장 약점인 무서운 부정부패의 해독을 하루속히 제거해야 할 것이다. 아무리 물질적으로 부강한 나라를 이룩한다고 할지라도 인생의 진실을 터득하지 못하면 선진국가의 대열에 참가할 자격이 없을 것이다.

'진리는 우리에게 신념을 줄 뿐 아니라, 진리를 구한다는 길이 우리에게 무엇보다도 마음의 평화를 주는 것이다'

이것은 철인 파스칼의 말이다. 우리는 언제나 성실한 삶에서 우리의 본분과 의무를 다하려는 노력에서만 참다운 행복을 느낄 수 있다고 생각한다. 참된 노력이 없이는 거기에 대한 아무런 보상도 기대할 수는 없는 것이다.

요사이 경제성장률이 높아감에 따라 범죄율도 높아가는 것이 뚜렷한 현상이다. 살인·강도·밀수·도박·탈세 등등 온갖 범죄가 성행하고 있는 것은 우리가 염려하지 않을 수 없는 부조리의 현상이다. 몇 백억 대의 재벌이 붐비는 세상이 되고 보니 모든 사람이 돈에만 환장하는 모양이다. 그래서 밀수·탈세·도박까지도 모두 억 대 위에서 범행을 하는 것이 보통이다. 그러나 부정으로 해서 모은 돈이 아무리 많다고 해서 행복할 수 있는 것이 아니고, 오히려 그만한 속죄를 치러야 하는 것이다.

'한 벌의 의복을 우리가 남에게 줄 수도 있고, 혹은 남에게서 얻을 수도 있다. 남에게서 얻은 물건에도 어느 정도의 기쁨은 있으나, 어딘지 마음이 떳떳하지 못하다. 내 힘으로 번 돈으로 천을 끊어 내 손으로 해 입은 옷에 비할 바가 아니다. 행복은 주울 수도 없고 얻을 수도 없다. 오직 내 힘으로 만들어내는 물건이다. 같은 의복이라도 그 속에 내 힘이 들어있을 때 그 의복이 기쁜 것이다'

이것은 프랑스 철인 아랑의 말이다.

우리는 언제나 성실한 나의 노력으로써 자립할 수 있을 때만이 우리의 의무를 다하는 보람과 긍지를 느낄 수 있는 것이다. 요사이 더욱 걱정이 되는 것은 십대 소년소녀들의 범죄행위가 늘어가는 경향이다. 많지도 않은 금품을 날치기하기 위해서 흉기로 머리를 쳐서 실신을 시키는 일도 많지만, 19세의 가정부가 꾸중을 듣고 주인마님의 목을 졸라서 살인행위를 한 것은 그 요인이 어디에 있는지 우리 모두 한번 생각해봐야 할 일이다.

'교육을 시킬 수 없는 애는 안 낳은 것이 좋다.' 가스코인의 말이다. 어린애는 가정교육도 필요하고, 학교교육도 필요하다.

그러나 철인 발루는 '교육은 어머니의 무릎 위에서 시작된다'고 하였다.

맹자의 어머님, 신사임당, 또는 한석봉의 어머님, 또는 아브라함 링컨의 어머님의 교육방침을 오늘의 어머니들도 다시 한번 깊이 생각해봐야 할 줄 안다.

'한 어진 어머니는 백 명의 교장만큼 값이 있다'고 한 조지 허버트의 말을 명심해서…….

《여성동아》 1977년 6월

7월의 소나기

우리나라의 평균기온은 서울을 표준해서 알아보면, 7월에 24도 5분, 8월에 25도 4분이고, 9월에 들어서면 20도 3분으로 갑자기 떨어진다. 그러므로 무더운 계절은 7, 8월뿐이요, 서늘한 계절과 추운 계절이 더 길기 때문에 우리나라는 온대에 속하고 있는 것이다. 온대의 특징은 봄·여름·가을·겨울의 네 계절이 뚜렷한 것이라 하지만 우리나라는 그 중에서도 가장 뚜렷한 네 계절을 갖고 있다고 한다.

6월의 하지가 지나가면 7월에는 소서와 대서의 철을 맞아서 본격적인 여름의 무더위 속으로 들어간다. 우리나라에 내리는 비의 1년 평균 강우량은 최소 5백mm이고, 최대는 1천5백mm라고 하는데, 6, 7, 8월의 여름철 석 달 동안에 그 수의 반 이상이 내림으로써 장마철이라고 부르기도 한다. 해마다 여름장마철에 일어나는 천재(天災)는 풍수해와 한발이다. 계절적으로 몰아오는 태풍이나 장마에는 옛날부터 농업·수산업 또는 교통·공업 등에 막대한 피해를 가져오는 것이 상례였다. 옛시조에도 윤선도(尹善道)의 이러한 것이 한 편 있다.

> 비오는 날 들희가랴 사립닷고 소머겨라
> 마히 해양이랴 장기연장 다사려라
> 쉬다가 개난 날 보아 서래긴 밧 가리라

> (비 오는데 들에 가랴, 사립문 닫고 소에게 꼴이나 먹여라.
> 장마가 늘 지랴 장기연장이나 다스려라.
> 쉬다가 개는 날 보아 이랑 긴 밭을 갈아라.)

큰비가 오면 홍수를 면할 길이 없었고, 가뭄이 심하면 물을 이용할 저수지가 없었다. 우리는 이렇게 불가항력의 상황 속에서 농사를 지어야 했다. 그래서 '가물엔 끝이 있어도 장마엔 끝이 없다'는 속담도 생겼었다. 가뭄을 견디고 남은 나락에는 조금이나마 거두는 결과가 있었지만, 장마에 떠내려간 논밭과 작물에는 아무 결과를 바랄 수 없었다는 뜻이다. 그러나 근대화를 지향하고 있는 지금 우리는 제방을 쌓고, 다리를 놓고, 새 간척지를 개척하고 넓히고, 다목적 댐들을 건설하면서 동력의 자원을 만들고, 수해를 막고, 수리를 이용해서 가뭄을 막고 전천후의 농산업을 이룩할 수 있도록 힘차게 일하고 있는 것이다. 이러한 우리의 활동은 중화학공업 건설과 함께 꾸준히 병행되어 나가야 할 과제라고 생각이 된다.

어떤 사람들은 여름을 좋아하지 않는다고 한다. 여름이 되면 몸이 나른해지고, 식욕이 없고 몸의 체중이 내리고 말할 수 없이 쇠약해진다고 한다. 이런 것을 '여름을 탄다'고 하고, 또한 어떤 사람들은 봄철을 맞아서 '봄을 탄다'고 하기도 한다. 아마 절기가 바뀌는 데서 오는 어떤 생리적 변화인 것 같기도 하다. 많은 사람들은 춥지도 덥지도 않은 가을철이 제일 좋다고 한다. 그러나 나는 추운 북한에 고향을 갖고 자라온 탓인지 여름철을 제일 좋아한다. 가을은 모든 곡식과 나무의 씨와 열매가 영그는 장엄한 중년의 계절이고, 겨울은 모든 생물을 죽음의 동면으로 몰아넣는 계절이다. 영하 20도의 혹독한 추위를 긴 겨울 동안의 긴 밤들을 견뎌내어야 한다. 추운 겨울은 12월, 1월, 2월, 3월까지 계속되고, 4월의 꽃샘바람이 얼어붙었던 마음을 더욱 초조하게 해주는 봄을 맞이하게 된다. 한 봉오리의 진달래가 방긋이 피어나고, 한 마리의 제비가 돌아와서 갯장변으로 날쌔게 나래를 펴는 것을 보고서야 나는 봄의 포근한 자세를 가슴 속에 안아볼 수가 있다.

한 쌍의 종달새가 쪼르릉쪼르릉 노래를 높이면서 보리밭 위를 휘몰아대는 모양을 바라볼 때에야 나는 비로소 자연섭리의 법열을 느낄 수 있고, 나의 청춘의 정열을 되새겨볼 수가 있었다. 나는 여름을 좋아한다. 만물이 약동하고, 정열과 낭만으로 엉키고, 움직이고, 이룩할 수 있는 빛나는 태양의 숨결이 차고 넘치는 여름을 좋아한다. 나는「한여름 대낮의 움직임과 고요」라는 수필에서 태양에 대하여 이렇게 예찬한 것이 있다.

　　회색 양단을 깔아놓은 듯한 질펀한 바다 저쪽 수평선 위에는, 복숭아 알의 꼭지같이 연분홍색의 고운 빛이 서리어 있어, 깨끗하고 새맑기 한이 없다. 또한 서늘한 바람, 세상에 갓 낳은 아기가 느낄 듯한, 소리도 움직임도 없는 시원한 바람이 폐와 심장과 장 속에까지 스며드는 것만 같다. 이렇듯 숨을 쉬고 피가 돌고 있는 하나의 움직이는 조직체로서의 나의 눈앞에는, 하나의 기적과 같은 경이의 세계가 소리 없이, 고요히 전개되었다. 둥글고 빨간 태양이 찬란한 빛을 사방과 온 누리에 떨치고, 머리를 들고 올라오는 것이다. 장미꽃 태양은 어느덧 황금빛으로 퍼져 나가고, 금시에 또 빛과 열을 퍼부어서, 쳐다볼 수도 없는 광휘 있는 태양으로 대지 위에 군림하는 것이다.

　만물의 생명을 이글이글 약동하게 하는 한여름의 빛나는 태양은 우주의 가장 아름답고 또한 놀라운 존재일 뿐이다. 7월의 중순이 넘으면 거의 주기적으로 비가 오는 날이 많고, 장마철로 접어든다. 어떤 이들은 비가 오는 날을 싫어하고, 울적한 마음으로 불쾌한 생각과 함께 비 오는 날을 원망하는 사람도 있다. 그러나 나는 비 오는 날을 끝없이 좋아한다. 비는 만물에게 있어서 피와 같은 생명의 물이다. 물이 없으면 모든 생물은 생명을 지탱해 나갈 수가 없을 것이다. 나는 학생시절에 비가 오는 날이면 우산도 쓰지 않고, 비옷도 안 입고 들로, 산으로 비를 소복이 맞으면서 홀로이 산책을 하는 것을 낙으로 삼아온 일이 많았다. 밀짚모자 위에 떨어지며 소곤거리는 빗소리를 혼자서 듣고 있으면, 누가 나의 청춘의 행복을 무한히 축복해 주는 것 같은 간지러움과 낭만을 느낄 수도 있었다. 나는 나의 수필「비가 옵니다」에서 이런 구절들을 쓴 적이 있다.

비가 옵니다. 비는 고요히 소리 없이 내립니다. 창을 열고 내다보시오. 키가 큰 포플러, 그 새파란 은행나무, 손바닥같이 넓게 편 무화과 이파리들. 모두 입을 벌리고, 비를 마시고, 비를 내뿜습니다. 늘어질 대로 늘어진 수양버들, 맑게 푸르게 머리를 감습니다. 등나무도 새로 나온 새말간 순들을 머리 위에 이고 있습니다. 지금 저 빗속에서도 쭉쭉 뻗어서 기어 나오는 것 같습니다. 담 안에 서 있는 향나무도, 머리끝에 새잎들이 나와서, 두 색으로 되어 있습니다. 밤사이의 비에 저렇게 새잎들이 나왔습니다. 비가 옵니다. 참 좋은 빕니다. 삽을 메고 들로 나가 보시오. 보리 수염들이 파랗게 버티고 서서 은구슬 같은 빗방울들을 하나하나 줄줄이 꿰고 있습니다. 갓난아이의 손가락 끝같이 보리알들이 통통 불어 있지 않습니까? 모판 자리에는 밤사이에도 저렇게 소복소복 모가 자라 나왔습니다!

비는 우리의 생명을 이어주는 데 없어서는 안 되는 하느님의 선물이다. 장마철이 끝날 무렵, 밤에 모기쑥불을 피우고 원두막 위에 누워 있노라면, 가끔 번갯불이 뻔쩍거리고 우레 소리와 함께 소나기가 쏟아지기도 했다. 무서움 끝에 조용히 생각하면, '커다란 양전(陽電)과 음전(陰電)이 둘이 만나서 속삭이고, 입 맞추고, 눈물을 흘리는 것이 번개와 우레와 소나기가 아닐까.' 이러한 낭만의 생각을 지녀보던 학생시절도 다시는 되찾을 길이 없다.

《여성동아》 1977년 7월

8월의 반딧불

    7월의 장마철이 지나가고 나면 찌는 듯한 8월의 무더위 속으로 접어든다. 사면의 문을 활짝 열고 속옷만 입고 앉아 있어도 이마와 등골에서 콩알 같은 땀방울이 쉬지 않고 흘러내린다. 공기에 습기가 많은 탓인지 겨울에는 더욱 벽이나 굴뚝에 성에가 얼어붙듯이 찬 얼음물을 담아 놓은 유리잔에서는 땀을 흘리듯이 물방울들이 엉켜서 흘러내린다. 추위는 모든 물건을 축소시키고 또한 위축시키지만, 더위는 부풀리게 하고 또한 팽창하게 한다. 사람들은 추위보다 더위를 더 잘 참을 수가 있다. 이리하여 8월의 무더위는 모든 생물을 힘껏 자라게 하고, 부풀게 하고, 팽창하게 하는 중요한 역할을 다하는 계절이기도 하다. 젊은이들의 팔과 다리 위에는 푸른 핏대가 불쑥불쑥 튀어나오고 두 어깨와 두 가슴은 젊음의 힘찬 정열을 붉은 빛으로 내뿜기도 한다. 이러한 무더위의 8월을 맞을 때마다 나는 미국의 심상파(心象派)의 여류시인 H.D의 「더위」라는 시를 잊을 수 없다.

        이 짙은 공기를 통해서
        열매가 떨어질 수 있을까
        배(梨)들의 꽃들을 뭉툭하게
        또한 포도알들을 동그랗게
        치받쳐올리는 이 더위 속으로
        열매가 떨어질 수 있을까

    그의 시를 읽으면 모든 열매가 8월의 치받치는 무더위 속에서 자라고 뭉툭하고 매끈하게 형태가 이루어진다는 이미지를 그리고 있다. 치받치고 둥글게 감싸주는 더위 때문에 포도알들이 그렇게 동그랗게 생기는지는 몰라도 이 더위는 모든 생물을 자라게 하고, 부풀게 하는 것만은 사실이다. 모든 생물은 이 더위 속에서 꿈틀거리고 또한 살아갈 수가 있다. 더구나 온대에 살고 있는 우리들은 8월의 더위를 즐겁게 맞아서 활기 있는 생활의 기쁨을 느껴볼 수도 있는 값이 있는 계절이기도 하다. 이러한 무더위 속에서 살고 있는 열대지방의 사람들은 더위의 고마움과 값도 모르고 계속되는 더위를 참지 못하여 게으름 속에서 밤낮으로 잠만 자고 있는 것이 보통이다. 하와이에 사는 원주민들의 집에는 뜰 안에 있는 나무그늘 아래에 반드시 한두 개의 그물그네가 매달려 있는 것을 본 일이 있다. 낮잠을 자기 위해서 매단 이 그네는 그들의 왕국을 잃게 하는 원인이 되기도 했다.

  8월의 대낮, 찌는 듯한 무더위를 지내 보내면, 맑고, 새롭고, 싱그럽고, 또한 서늘한 공기를 즐길 수 있는 정다운 여름밤을 맞이할 수가 있다. 이야말로 피부뿐만 아니라 오장육부의 몸속에까지 시원하게 하는 여름밤의 부드러움이요, 기쁨이요, 삶의 행복함을 느끼게 하는 계절감인 것이다.

  학생시절, 미국 텍사스 주에 있는 어떤 농장에서 이러한 여름밤의 법열을 느껴 보았던 기억이 아직도 새롭다. 내가 유숙하고 있던 농가의 이층 지붕은 함석지붕이어서 긴 여름 낮의 태양으로 불과 같이 달아올랐었다. 그런데 밖은 칠흑같이 어둡고 캄캄하고, 바람은커녕 공기 한 줄기 방으로 새어 들어오지 않았었다. 한증 속에 갇혀 있는 것같이 답답하여서 견딜 수가 없었다. 안타까워서 침대 위에 누워 있을 수가 없었다. 그래서 팬티 하나만 입은 맨몸으로 앉아서 흑판같이 어두운 밤하늘을 내다보았다. 칠흑같이 어두운 밤하늘에는 보기에도 신비스러운 광경이 벌어지고 있었다. 밤하늘의 흑판 위에는 S자, O자, C자들과 같은 직선과 곡선의 글자들이 불빛으로 씌어지고 있었다. 이것들이 반딧불의 곡예였던 것이다. 저기압의 어두움을 이용해서 수천, 수만의 반딧불들이 서로 애인을 찾아서 불빛의 줄을 그으면서 즐겁게 데이트를 하는 광경이었다.

고향에 있을 적에, 한두 마리의 반딧불을 보고 신기하게 생각하고, 또한 여름밤의 서늘함을 가져오는 천사의 등불과 같은 느낌을 느껴보던 낭만적인 벌레들이 이 어두운 텍사스의 밤하늘 위에서는 전쟁을 하는 병사들처럼 수없이 많이 떠돌며 마치 불꽃놀이를 하는 광경이었다. 이러한 자연의 신비스런 광경을 더위도 잊어버리고 두 손으로 턱을 받친 채 열심히 바라보고 있었다. 한동안 이 신비스럽고 아름다운 광경을 바라보고 있던 찰나에 시원한 한 줄기의 바람과 함께 써늘한 소나기가 함석지붕 위를 힘차게 소리를 치며 퍼부어댔다. 참으로 서늘하고 시원한 소나기였다. 어둠과 정열을 즐기던 몇 천만 마리의 저 반딧불들은 이 비를 어떻게 피했을까, 이런 생각이 다 끝나기도 전에 나는 시원하고 달콤한 여름밤의 짧은 밤을 피곤한 잠으로 즐겼던 생각이 지금도 새롭다.

8월의 초순이 지나고 나면 입추(立秋)와 말복(末伏)의 철에 접어들어서 더위를 가시는 처서(處暑)의 철이 찾아온다. 무더위의 8월이 있기 때문에 모든 생물은 자라나고 약동하고, 찌는 듯한 무더위의 낮이 있기 때문에 우리는 생기 있고 맑고, 살랑살랑한 여름밤의 시원함을 피부로 즐길 수가 있지 않는가.

얼마 전 동아일보의 〈내 고향 숨결〉이라는 난에서 「향토미각 되찾는 이색운동」이라는 기사를 읽으면서 그 좋던 옛날의 풍토를 다시 한 번 그려 보았다. 이 기사의 내용은 '충청남도는 멸종돼 가는 재래종 닭이나 돼지를 비롯, 노성참게, 성환참외, 공주미나리 등을 적극 보호하고 번식시켜 날로 잊혀져가는 향토 고유의 미각을 되찾자는 이색운동을 펴고 있다'고 하였다. 비록 알을 낳는 숫자는 적어도 재래종 달걀은 독특한 맛이 있고, 황계·흑계는 조상들이 길러온 맛 좋고 영양 좋은 약닭이라고 불려왔다. 지금도 좀처럼 시골에 가서도 구하기가 힘들다. 비계가 두꺼운 양종 돼지보다 삼겹살로 균형을 이룬 재래종 돼지와 기름이 많지 않은 한우의 사육을 더 장려하여 우리의 향토미각을 되찾아야 할 것이다. 전국적으로 알려졌던 성환참외(일명 개구리참외)도 농촌진흥청 기술진들이 이미 멸종되어 잡종화된 성환참외의 순계분리 작업으로 순종을 찾아냈다는 반가운 기사도 있었다.

내가 어렸을 때 고향에서 먹을 수 있었던 참외 중에서도 멸종된 것이 한두 가지가 아니다. 겉은 검고, 속은 빨간 검정참외는 '참외뜨기'를 하는 참외였다. 배꼽을 따서 색이 더 빨간 것을 고른 사람이 이기고, 진 사람이 참외값을 내는 것인데 빨간 속살은 단감같이 달고 시원했었다. 그 밖에 수박참외, 사과참외, 노란 황금참외 등등 그 맛이 수박같이 시원하고, 백청같이 달콤한 것들이었으나 이젠 꿈에도 맛볼 수 없는 세월이 되고 말았다.

서울에서 살고 있으면 꽃 피는 봄마다 산에서 우는 고운 산새들의 노래를 들을 수가 없다. 또 여름철과 가을철에 자주 울어대는 매미나, 쓰르라미나, 민충이나, 이름 모를 작은 풀벌레들의 울음들은 더욱이 들어볼 기회가 없을 것이다. 언젠가 산길을 걷다가 샘가에 앉아서 쉬고 있을 때, 한 마리의 매미가 버드나무 위에서 울어대서 나는 무더위도 어느새 다 가시고, 어떤 꿈과 같은 선경 속에서 신선과 같은 기분에 빠져들기도 했었다. 벌레의 울음도 새의 노래와 같이 어딘가 신비스러웠다. 불국사 뒷숲에 누웠을 때 수천 마리의 쓰르라미들이 합창을 하는 듯 한꺼번에 쏴아아 하고 울어댈 땐 흘러가는 인생의 슬픈 노래와 같이도 들렸다. 그 울음소리가 일시에 멎을 땐 가슴속이 더 무거워지는 것 같았다. 새들의 노래 속에는 기쁨과 아름다움의 가락이 섞여 있지만 벌레의 울음 속에는 어딘가 애조(哀調)만을 띤 외마디 소리와 같이 들렸다. 좀더 있으면 귀뚜라미 소리도 들려올 것이다. 우리는 벌레의 소리도 귀담아 들으면서 살아가야 할 것이다.

《여성동아》 1977년 8월

9월의 가을빛

　40여억의 재산손해와 3백여 명의 사상자를 낸 지긋지긋하던 7월의 장마와 '불더위'라고 할 만한 무더위의 8월이 지나자, 어느덧 짧은 여름은 지나가고 9월, 새 가을의 숨결이 들려온다.

　여름의 끈질기고, 세찬 볶아댐 속에서 모든 생물은 자라고, 모든 열매는 부풀고 여물었다. 이제 가을의 숨결은 빛깔과 함께 온 누리를 덮기 시작한다. 여름의 흰 하늘을 코발트빛깔로 칠해 놓아서 그 높이의 표시를 눈에 띄게 하고, 초목들의 푸른색을 더 짙게 하는 것이 가을의 숨결이다. 아침저녁으로 싸늘한 산들바람이 또한 첫가을의 숨결인 것이다. 찬 샘물 속에 두 발을 담그는 기분이요, 새벽녘에 작은 산꼭대기를 오르는 기분이다. 참으로 시원스러운 가을이다. 9월이 오면 1년의 3/4을 흘려보내는 셈이 되고, 지나간 날들을 되새기며 세월의 빠름을 아쉬워하기도 한다. 더구나 하순에 들면 추석명절을 맞이하게 된다. 추석은 명절이라기보다도 돌아간 조상들과 친지들을 추모하는 엄숙하고 또한 애상적인 날이기도 하다.

　이때가 되면 객지에 난 사람들은 집이 더욱 그리워서 향수에 젖기도 하고 인생의 외로움을 뼈아프게 느끼기도 한다. 이북에 고향을 둔 나는 30여 년간 타향살이를 하면서 한 번도 부모님의 묘소에 성묘를 못하고 있다. 그것이 나의 죄라기보다는 다만 삭막한 인생의 가는 길이 원망스럽기만 하다.

　철 아닌 가을의 찬비가 시름없이 내리는 밤에는 온 밤을 새기도 하고, 김상용의 옛시조를 음미하기도 한다.

오동에 듯는 빗발 무심히 듯건마난

내 시름 하니 닙닙히 수성이로다

이후야 닙너븐 나무를 심은 숲이 이시랴

(오동에 떨어지는 빗발은 아무 생각 없이 떨어지건마는

내 근심이 많으니 잎마다 근심소리로 들리도다.

이후에야 잎이 넓은 나무를 심을 바가 있으랴.)

객지에 나 있는 외로운 사람이 아닐지라도 가을밤에 나뭇잎 위에 떨어지는 빗방울 소리를 듣고, 흘러가는 인생의 외로움을 아니 느낄 수는 없을 것이다. 이매창의 옛시조 중에서 이러한 애수의 한 편을 더 감상해 본다.

도화우 훗뿌릴제 울며잡고 이별한 님

추풍낙엽에 저도 나를 생각난가

천리에 외로운 꿈만 오락가락하더라

(복숭아꽃에 비가 흩뿌릴 때에 붙잡고 울면서 이별한 님

가을바람 낙엽이 질 때 저도 나를 생각하는가.

천 리에 외로운 꿈만 오락가락하더라.)

20세기에 들어서면서부터 우리 민족은 지구상에 이곳저곳 흩어져서 살아야만 했다. 패배자의 유랑민으로 중국·소련·일본 등지로 갔고, 이민과 일꾼으로 서독·캐나다·미국·브라질 등 남북미와 호주·사모아·오키나와 등 대양주로, 또한 중동과 아프리카 등 세계 각국으로 흩어져서 살게 되었다. 38선의 휴전선은 또한 우리 민족을 남북으로 흩어져 살게 하였다. 흩어져 살면서 늘 서러움과 또한 그

리움 속에서 살아가야만 하게 되었다. 떨어짐과 만남은 한갓 인생의 상정이니 어쩔 수 없는 우리 인생의 애환인 것이다. 우리는 이제 세계 속에서 한국의 얼을 살리고, 높이고, 넓히어야 할 것이다. 그리고 한시라도 잊지 않고 조국과 친지들을 생각하고, 그리워하는 정을 지녀야 할 것이다. 싸늘한 바람이 나뭇잎들을 휘날리고, 또한 유난히 달이 밝은 밤에는 이름도 모를 새소리와 함께 하늘 위에 검은 그림자들이 재빠르게 지나가는 것이 보인다. 인생은 흘러가는 그림자인 것 같기도 하다. 사람도 저 철새들과 같이 흘러다니는 운명을 지니고 있는 것은 아닐까. 모든 생물에게 운명이 있듯이 사람에게도 운명이라는 것이 있기 마련이다. 베토벤의 유명한 「운명교향악」은 잘 감상할 능력이 없지마는 로마의 철학가이고 시인인 세네카의 운명론은 좋은 글귀라고 생각한다.

'사람은 대개 자기의 운명을 그 스스로가 만들고 있다. 운명이란 외부에서 오는 것 같지만 알고 보면 자기 자신의 약한 마음, 게으른 마음, 성급한 버릇, 이런 것이 운명을 만든다. 어진 마음, 부지런한 습관, 남을 돕는 마음, 이것이야말로 좋은 운명을 여는 열쇠이다. 운명은 용기 있는 자 앞에 약하고, 비겁한 자 앞에는 강하다.'

철학자 세네카는 운명에 대해서 또한 이렇게 결론했다.

'운명의 장난은 그 사람이 가진 재산은 빼앗아갈 수 있으나 그 사람의 마음속에 있는 용기까지는 빼앗지 못한다. 인생의 참된 밑천은 무엇보다도 용기에 있다. 용기가 있는 한 실패에 한탄하지 않고 운명을 박차고 나갈 수 있다. 한탄한다고 엎질러진 물이 다시 그릇에 담기지는 않는다. 인생에 있어서 가장 소용이 없는 것은 한탄이다. 무엇을 얻을까 하고 눈을 두리번거리기 전에 먼저 한탄을 버리라! 그러면 앞이 맑게 트인다. 운명에 이기는 길은 먼저 자기를 누르고 자기 자신을 이겨내는 데 있다.'

모름지기 우리가 영원히 살아갈 수 있는 길은 이미 우리가 일으키고 있는 근면·자조·협동의 새마을정신에 있는 것이다. 선친들의 말에 의하면 '인생의 모든 죄악은 빈곤과 무지에서 온다'고 하였다. 신문 사회면에 나오는 모든 범죄의 기사를 읽어보아도 알 수가 있다. 우리는 인생의 참된 진리를 터득하여야 하겠다. '인생은 게으름과 빈곤과 싸우는 것이다'라고 사무엘 존슨이 말했다. 인생을 참되게, 힘있게 살아가려면 남보다 부지런하고, 보람 있고, 협조하는 정신과 실천으로 살아가야 할 것이다. 물질적으로나 정신적으로 빈곤하지 않고, 풍부하게 살아가야 하겠다. 미국의 독립선언서를 초안한 제퍼슨은 이렇게 말하였다.

'오늘 할 수 있는 일은 내일로 미루지 말라. 자기가 할 수 있는 일은 남에게 시키지 말라.'

무엇보다도 우리는 자립·자조의 정립을 다시 굳건히 할 때가 온 것이다. 총력안보와 국방을 항상 준비하고 있어야 할 것이다. 『채근담』에도 이러한 글귀가 있다. '천지는 조용한 기분에 차 있다. 그러나 반면에 모든 것이 쉬지 않고 움직이고 있다. 해와 달은 주야로 바뀌면서, 그 빛깔은 천년만년 변함이 없다. 이것이 우주의 모습이다. 사람도 한가하다고 가만히 있어서는 안 되며, 한가한 때일수록 장차 급한 일에 대한 준비를 하여 두는 것이 좋다. 그리고 아무리 분주할 때라도, 여유 있는 일면을 지니고 있는 것이 필요하다.' 이러한 유비무환의 진리를 터득하여야 할 것이다. 아침저녁으로 솔숲을 지나서 불어오는 서늘한 바람과, 구름 한 점 떠 있지 않은 새파란 가을하늘을 쳐다보는 것은 가슴속 깊이 스며드는 상쾌함이다. 한국의 맑은 가을하늘 아래서만 느껴볼 수 있는 상쾌함이다.

'하늘은 우리가 매일 필요로 하는 우리들의 눈의 양식이다'라는 철학가 에머슨의 말을 생각하면서 늘 하늘을 쳐다볼 때가 많다. '나무에 가위질을 하는 것은 나무를 사랑하기 때문이다. 부모에게 야단을 맞지 않고 자란 아이는 똑똑한 사람이 될 수 없다. 겨울의 추위가 심한 해일수록 오는 봄의 나뭇잎은 한층 더 푸르다. 사람도 역경에 단련되지 않고서는 큰 인물이 될 수 없다.' 이것은 프랭클린의 말이다. 과수원의 홍옥과 울타리 안의 감나무와 석류나무의 열매들이 통통히 여물어서 불그스레하게 영글어가고 있다. 이 열매들은 영글기 전에 얼마나 많은 비바람에 시달렸을까. 한 알의 고운 열매도 무수한 시련을 겪고 나서야 이루어진다는 것을 생각해

본다.

《여성동아》 1977년 9월

10월의 열매

    이른 봄 논에서 개구리가 알을 걷던 요란한 소리도 사라져갔고, 밭갈이와 김매기를 재촉하던 뻐꾸기 소리도 지나간 지 오랜, 달 밝은 밤마다 어느덧 구슬픈 귀뚜라미 소리가 한창이다.
    소리는 바람을 타고 고요히 흩어져 사라져가고, 세월은 쉬지 않고 냇물같이 흘러만 간다.
    나의 10대의 소년시절에는 들 밖에 개구리나, 논바닥에서 붕어잡이와 게잡이를 수없이 즐기었으나, 지금의 논바닥에서는 붕어 한 마리, 게 한 마리 구경도 할 수가 없다.
    우리보다도 오백여 년 전에 쓴 황희(黃喜)의 시조에는 이러한 풍요의 태평시대를 노래한 시조가 있다.

        대추 볼 붉은 골에 밤은 어이듯드르며
        벼 벤 구루에 게는 어이 내리는고
        술 익자 체장수 돌아가니 아니먹고 어이리

    '대추뺨(알)이 붉게 익는 골짜기에 밤이 또한 뚝뚝 떨어지고, 벼를 베어 낸 구루 밑의 물구덩이에는 게들이 웅크리고 있고, 술이 익었는데 마침 체 장수를 만나 체를 사서 술을 걸러 마신다'라는 풍경화와도 같고, 태평세월의 풍속도와 같기도 하다.

현대에 살고 있는 우리들은 돈 걱정, 사고 걱정, 강도 폭력배들의 위협, 병들기 쉬운 식품 걱정, 게다가 약품중독에까지 걱정을 해야 하니, 육체와 정신이 내 것이 아닌 상황에서 살아야 하는 것이 아닌가.

인권존중을 부르짖는 현대에 있어서도 수없이 많은 사람들이 굶어서 떼죽음을 하고 있지 않는가. 지금 우리나라에서는 옛날의 윤리를 되찾기 위해서 이웃돕기 운동을 벌이고 있는 것은 새마을운동과 함께 우리의 미덕을 높이는 흐뭇한 활동이라 생각한다.

인간의 존엄성을 주장하고 있는 오늘, 일생을 인류애의 봉사에 바친 슈바이처 박사는 일찍이 이렇게 말했다.

'생명을 지키고 이것을 촉진하는 것은 선(善)이요, 생명을 죽이고 그것을 파괴하는 것은 악(惡)이다. 개인이나 사회가 이런 〈생명에의 외경(畏敬)〉이라는 윤리관에 의해 지배되는 곳에 문화의 근본이 있는 것이다.
만일 인간이 생명의 신비, 생명과 자신과의 신비로운 관계를 생각한다면 자기를 둘러싸고 있는 모든 생명에 대해서 삶의 외경심을 갖게 될 것이다.'

미국의 시인 휘트먼은 '한 이파리의 풀잎새도 생명의 존엄성을 갖고 태어났다'고 노래하였고, 린제이 시인도 '한 마리의 귀뚜라미의 노래도 우주진행의 숨결이라'고 노래하였다.

나는 늙은이들에게서 이러한 말을 들은 것을 늘 잊지를 않는다.
'농사 중에서 제일 힘드는 것은 사람 농사다.'
벼나 곡식들은 봄, 여름, 가을의 세 계절만 돌보아주면 그만이지만, 어린애를 잉태해서 열 달을 괴로움 속에서 지내고, 걸음마를 배워주고, 말을 배우고 수십 년 동안 고등교육까지 가르쳐서 뒷받침을 해주기에도 뼈가 저리도록 힘이 들지만, 가르침을 받은 자식이 완전한 인간으로서 사회인이 될 수 있고 또한 인간존엄성의 소유자가 될 수 있는가, 없는가는 우리들이 보증할 수 없는 일이다.

요사이 나는 어떤 정신분석학자의 순회강연회에서 이런 말을 들었다.

'아기들은 어머니의 임신 중에서부터 태아교육이 필요하지만, 세 살부터는 근본적이 교육이 필요하고, 이때부터 어린애의 성격 변화가 형성되기 시작하는 것입니다.'

이런 말을 들었을 때, 새삼스럽게 우리의 속담이 진리였구나 하고 생각하지 않을 수 없었다. 정신분석학의 이름조차 모르던 때에 '세 살 버릇이 팔십 살까지 간다'는 우리의 속담이 옳았다.

이율곡 선생이나, 한석봉 선생의 모친들의 모성애와 교육의 공적을 얼마나 컸던가 하고 높이 생각하지 않을 수 없다.

1932년 영국의 극작가 버나드 쇼는 그리스의 금언인 '건전한 정신은 건강한 육체에 깃든다'를 뒤집어서 '건강한 육체는 건전한 정신에 깃든다'라고 했다.

이 말은 괘씸한 하나의 역설이고, 심지어는 하나의 독설(毒說)이라고 모두 그를 공격하였었다.

그러나 요사이 약 광고를 보면 거의 신경성 위장병이니 하는 신경성 병이 유행하는 현상이 아닌가.

현대는 물질문명의 시대라고 한다. 내가 원하는 것을 돈이면 다 살 수 있는 시대라고 한다.

서양에서는 '돈이 말한다!'라고 하고, 우리들은 '돈이 장수다!'라는 말을 하는 것을 들은 적이 오래다.

그래서 현대인들은 분수에 넘치는 일을 하여서라도 자기의 욕구를 채우려고 매일같이 별별 범죄를 범행하기도 한다. 그러나 이것은 하나의 무서운 부조리요, 슈바이처 박사가 말한 바와 같은 인간의 악이다.

　우리는 인간의 선과 아름다움을 되찾아야 하겠다. 인간의 아름다운 본성을 되찾고, 우리의 분수대로 하느님의 섭리 속에서 살도록 힘써야 하겠다. 거짓이 없는 양심으로 땀을 흘리며 일하여서 거기에 맞는 보수를 떳떳하게 받으며, 마음이 편하게 또한 아름답게 살아야 하겠다.

　이렇게 해서 내 힘을 키우고, 국가의 힘을 키워서 나라를 지키고 또한 빛나게 살아야 하겠다.

　지금은 한창 열매가 익는 계절이다.

　나는 가끔 내 생애의 열매가 언제나 익어질까 하는 생각도 해본다.

　세상에 한 번 태어났다가 아무 보람도 없이 떠난다는 것은 어쩐지 서글픈 일이 아니겠는가.

　　봄가을 없이 밤마다 돋는 달도 「예전엔 미처 몰랐어요」
　　이렇게 사모치게 그리울 줄도 「예전엔 미처 몰랐어요」
　　달이 암만 밝아도 쳐다볼 줄을 「예전엔 미처 몰랐어요」
　　이제금 저 달이 서름인 줄은 「예전엔 미처 몰랐어요」

　나는 가끔 이러한 소월(素月)의 시를 외면서 새맑은 가을 하늘의 밝은 달을 쳐다볼 때가 많다.

　하늘이 맑고 달이 둥근 때이거나, 달이 이지러져서 반쪽이거나, 나는 물끄러미 달을 쳐다보면서 '이제금 저 달이 서름인 줄을, 예전엔 미처 몰랐어요'를 혼자 속으로 외기도 한다.

　이지러지고, 차고 이지러지는 달의 모습이 또한 인생의 애환과 같은 것이 아니겠는가 생각해 보기도 한다. 으스름 구름이 달을 덮어놓는지, 혹은 달이 구름 속으로 뛰어드는지, 달빛이 으슴푸레해질 때면 나의 가슴속도 갑자기 어두워지는 것만 같다.

들 밖에서 선들바람에 담겨오는 벼 향기를 가슴속 깊이 들이마시면서 마루 위에 누워 있으면, 하늘 높이서 철새들이 남쪽을 향해서 날아가는 검은 그림자들이 보인다. 가끔 가냘픈 소리로 벗을 부르는 소리도 들려온다.

다 떨어지다 남은 몇 알의 감알들이 차가운 서리에 온 몸을 적시고 달빛에 빤짝이며 매달려 있다. 그 아래에 쌓여 있는 낙엽 속에서는 귀뚜라미들이 초저녁부터 울어대고 있다.

《여성동아》 1976년 10월

11월의 서리

지난밤에 달이 밝더니 아침에 서리가 하얗게 깔렸다.

가시같이 엉클어지고 발가벗은 대추나무 가지들이 서리를 맞아 하얀 꽃을 피워 놓은 것 같다.

콩 낟가리 위에 쭈그리고 앉았던 잠자리들은 어디론가 자취를 감추고, 하얀 서리만이 콩깍지 위에 반짝거린다.

찬 이슬이 내리는 한로(寒露)철도 지나고, 서리가 내리는 상강(霜降)철이 재빨리 찾아왔으니, 눈이 내리는 입동(立冬)과 소설(小雪)철이 또한 멀지 않았다. 이렇게 철이 빨리 바뀌고 몸이 늙어감에 따라 우리는 구태여 앞날의 걱정을 하기보다는 옛날에 간직했던 행복하고 아름다웠던 보물과 같은 추억들을 다시금 더듬어 보는 것으로 인생의 애환을 달래 보려는 것이 우리의 본성이 아닌가 싶다.

나의 어린 시절 고향에서, 서리가 내리는 계절에 호미와 바구니만 갖고 친구들과 함께 논이나 개골창에 미꾸라지 사냥을 다니던 일은 아직도 잊히지 않는 재미있던 일의 하나이다.

요사이는 화학비료나 병충해를 막기 위해서 많은 농약을 뿌리기 때문에 논에는 붕어, 미꾸라지, 고둥이, 게 같은 것들이 살아남지 않을 뿐 아니라 벼메뚜기 한 마리도 구경하기가 힘든 세월이 되었다.

그러나 내가 어렸을 때에는 비료가 무엇인지, 농약이 어떤 것인지 알지도 못했고 구경도 할 수가 없던 때였다. 그래서 논과 개골창에는 수없이 많은 물고기와 게를 잡을 수가 있었다.

나락도 모든 곡식도 다 거둬들인 벌판에는 물도 다 빼어내고 논과 개골창이 모두 말라 있었다. 논에서 물을 빼던 낮은 자리나, 물이 마른 개골창의 낮은 곳을 찾아서 호미로 땅을 파헤친다.

한 호미, 한 호미 흙을 파헤치면 미꾸라지 두서너 마리씩을 지렁이를 잡듯이 잡아낼 수가 있었다. 얼마나 재미가 있었는지, 지금 생각해 보아도 신기하기 짝이 없는 일이었다.

우리는 미꾸라지들을 물에서만 사는 고기로 알았지만, 미꾸라지는 흙 속에 깊이 들어가서도 개구리와 같이 동면을 하는 것을 늙은이들에게서 알아들었었다.

'미꾸라지 한 마리가 흙탕물을 낸다'는 속담도 있지만, 서리가 내리는 계절에도 흙을 파헤쳐서 미꾸라지를 지렁이 잡듯이 잡아보던 시절이 얼마나 그리운지, 대추나무의 흰 꽃처럼 피어 있는 서리가 아름답기만 하다.

어느덧 찬 이슬이 내리던 계절이 지나고 첫서리가 내리면 모든 초목들은 푸른빛을 잃고, 누런빛을 띠며, 황금빛으로 변해간다.

나는 작년 나의 「낙엽과의 대화」라는 글에서 아래와 같은 구절을 쓴 일이 있다.

> 요사이는 논마다 누런 나락을 베어서 낟가리들을 쌓아놓았고, 그 푸르고 싱싱한 포플러, 플라타너스, 또한 은행나무들의 잎들이 온통 황금빛으로 물들어버렸다.
>
> 식어버린 가을바람의 재주인가, 누구의 손으로 그 많은 나무의 잎들을 찬 이슬과 서리로써 황금빛의 도금(鍍金)을 하였단 말인가.
>
> 영천(永川)을 지나는 길가에 서 있는 키가 크고 잎이 무성한 황금빛의 은행나무를 보고 나는 황홀할 지경이어서, 버스가 가까이 접근해서 달리는 대로 두 눈을 깜빡이지 않고 자세히 바라보았다.
>
> 한 이파리, 한 이파리가 다 황금빛의 꽃송이들인 것같이 반짝거렸다. 그것보다도, 그 큰 나무 하나 전체가 한 송이로 빛나는 커다란 황금의 꽃송이로도

보였다. 참으로 아름답고, 장엄한 하나의 커다란 꽃송이였다.

서리가 내리는 늦은 가을철마다 우리는 일 년 중에서 하나의 황금철을 맞이하는 기쁨을 느낄 수가 있다.

높은 산과 낮은 산에도 떡갈나무와 밤나무들이 황금빛의 고운 옷을 입고 푸른 솔밭 사이에 서성거리고 있고, 벌판에는 누런 나락의 물결들이 황금물결을 일으키고 있다.

더구나 일찍이 잎들은 다 떨어지고, 빨간 감알들만이 대롱대롱 매어달려 있는 감나무를 쳐다보면 코발트색 가을 하늘이 더욱 푸르고 아름답기만 하다.

이 붉은 감알들이 몇 밤의 된서리를 더 맞아야 그 떫은맛이 다 가시어지고, 달고 향긋한 감이 될 것이다.

서리가 내리는 시기마다 우리의 식생활에 있어서 가장 중요한 것은 김장철이 왔다는 소식이다.

배추의 겉이파리들이 서리에 시들어서 얼거나, 무가 얼기 전에 시간을 맞추어서 김장을 해야 한다.

우리나라를 '김치의 나라'라고 외국 사람이 부르기도 하지만, 김치를 만드는 나라는 우리나라밖에 없을 것이고, 일본에서 만드는 '나빠쯔께', '나라쯔께', '다꾸왕' 같은 것은 김치라고 할 수는 없고, 서양에서도 만드는 소금이나, 식초로 담그는 피클(pickle), 즉 소금절이나 식초절이라고 할 것이다.

서양에서는 작은 물외를 설탕, 소금, 또는 식초로 절이기도 하고, 또는 채소 외에도 돼지발 같은 육물을 설탕·소금·식초로 절여서 맥주안주 같은 것으로 내어놓기도 한다.

이런 서양 절이 중에서 나의 구미에 맞은 것은 독일의 원산인 '싸우어 크라웃'이라고 불리는, 무말랭이같이 채 썰어서 생으로 식초절이를 한 것이다.

'싸우어'는 시큼하다는 말이고, '크라웃'은 이런 무식초절이를 만들던 원산지의 지명이다. 돼지갈비(spare rids)를 청하면 으레 따라오는 맛있고 새큼한 무절이다.

우리들의 식성에는 김치를 뺄 수가 없고, 김치 또는 김치찌개만 있으면 밥 한 그릇을 다 먹는다는 것이 보통이지만, 서양 사람들은 버터만 있으면 빵을 먹을 수 있다고 한다. 다시 말하면, 버터가 없으면 빵을 맛있게 먹을 수 없다는 말일 게다.

이와 같이 우리들에게 있어서는 어떤 식탁에나 없어서는 안 되고, 제일 먼저 올라가야 하는 것이 여러 가지의 맛좋은 김치인 것이다. 맛으로도 우리는 김치를 즐기지만 채소가 귀한 겨울 동안에 먹을 김치를 저장하기 위해서 김장을 하게 되는 것이다.

내가 어렸을 때, 어머님께서 김장을 하시던 일이 하나의 낭만적인 행사였던 듯이 지금도 환하게 눈앞에 떠오른다.

지금은 농촌에서 도시로 편리한 교통을 이용해서 얼마든지 김장을 들여오지만, 내가 어릴 적 내 고향인 평양에선 온 식구가 밭으로 무와 배추를 사러 가야 했다. 몇 십 리나 되는 변두리의 배추밭에 가서, 한 포기 두 포기 배추의 크기와 수를 가려서 한 이랑, 두 이랑 크고 좋은 것을 골라서 금을 하고, 또 호미를 들고, 우리 손으로 캐내고, 이고 지고, 옮겨와야 했다.

김장은 우리의 살림행사 중의 큰 행사의 하나이어서, 나는 늘 어머님과 누님을 돕기 위해서 무와 배추를 옮겨주기도 하였다. 아마 큰 도움을 주려고 했던 것보다는 배추를 다듬고, 배추뿌리를 잘라낸 것을 먹기 위해서였는지도 모르겠다.

재래종 한국배추의 뿌리는 중고구마만큼이나 크고, 그 매운 듯하면서도 달고, 향긋하고, 짯짯한 맛은 생밤에 비길 수도 없다. 그러나 내가 중학교에 다닐 때에는 중국에서 '지프종'이니, '직예종'이니 하는 개량종의 큰 품종이 들어왔고, 배추는 컸어도 그 뿌리는 쥐꼬리만 하여서 먹을 수가 없었다.

식생활의 변천에 따라서, 우리는 온갖 양념과 향료를 넣어서 영양가가 많고, 맛이 좋은 김치를 만들도록 노력하여 세계 각국에도 한국식품의 특유한 맛을 보여주었으면 좋겠다.

선주후면(先酒後麵)을 좋아하는 나는 무 동치미국을 즐겨서 먹는다.

우리집 화단 한 모퉁이에는 동치미독 두 개가 겨울마다 묻힌다.

《여성동아》 1979년 11월

12월의 눈바람

백일은 서산에 디고 황하는 동해에 든다
고래 영웅은 북망으로 드단 말가
두어라 물유성쇠니 한할 줄이 이시랴

(흰 해는 서산에 지고 황하는 동쪽 바다로 든다
그런데 옛날부터의 모든 영웅은 북망산으로 든단 말인가
그만 두어라 모든 사물은 각각 성하고 망하는 진리가 있으니 한탄한들 무엇하랴)

최충(崔沖)의 시조와 같이, 어느덧 허무하게도 이 해도 저물어 마지막 달이 눈바람과 함께 다가온다.

모든 초목들은 헐벗고 작은 생물들은 동면 속으로 자취를 감춘 듯하다.

꽃을 피워주던 봄바람과 잎과 가지들을 춤을 추게 하던 여름바람과, 열매들을 부풀게 하고 익게 하던 가을바람이 다 그 뜻과 사명이 있었다 하면, 겨울의 매서운 눈바람은 또한 무슨 사명을 띠고 오는 것일까.

한 해가 저물고 늘 가을이 되면 늦찾아오는 태풍도 또한 그 뜻과 사명이 있었던 것이 아닐까. 얼마 전, 태풍 '플랜'호는 파도의 높이 8m로 휩쓸어 와서 선박 2백54척에 피해를 입혔고, 인명 피해와 수십억 원의 재산 피해도 내고 갔다. 그러나 태풍 '플랜'호가 지나간 후에 영일만에서는 많은 갈치가 잡히고, 삼척 앞바다에서는 울릉도와 독도에서만 잡히던 큰 오징어 떼가 잡히기 시작했다고 한다.

영일만에서는 십여 년 동안 끊어졌던 갈치 떼가 전의 3배나 잡혀서 매일 1억 원 이상의 어획고를 올리게 되었다고 한다. 그 이유는 태풍 '플랜'호가 한바다에 흘러 다니는 더운 물줄기를 해변가 가까이로 몰고 들어온 때문이어서 몇 년 동안은 고기가 잘 잡히겠다는 반가운 소식이다.

봄, 여름, 가을, 철마다 제 나름대로의 바람이 불고, 그것들은 저마다의 멋과 아름다움과 뜻있는 사명을 지고 있지만, 겨울의 잿빛 구름과 함께 몰아치는 매서운 바람은 자못 살기를 띠고 있는 폭군과 같은 바람이다.

이북에서 태어나서 자라온 나는 어릴 때에 손잔등이 터져서 피가 나오는 겨울을 보내야 했다. 털실장갑이라는 것을 중학에 다닐 때에야 구경할 수가 있었다.

그때까지 내복이나 메리야스의 이름조차 들어보지 못했고, 뻣뻣한 무명 솜바지가 고작이었다. 발에는 삼으로 삼은 참신을 신고 다녔는데 신바닥에 묻은 눈이 얼어붙어서 얼음장 구두같이 되어서 바닥에 넘어지기가 일쑤였다.

중학시절 어느 추운 겨울방학에 만주로 여행을 갔다가 영하 40도의 추위에 숨이 막혀서 죽을 뻔하고 돌아온 때도 있었다. '이글루'라는 얼음집을 짓고 사는 알래스카에는 못 가보았지만 북만주의 추위도 살인적인 것이었다.

어느 늙은 분이 만주의 추위를 이렇게 말했다.

"만주에서는, 겨울에 침을 뱉으면 눈깔사탕같이 때그르 땅에 떨어지고, 소변을 보면 엿가락같이 대각대각하고 떨어진다.

말을 하면 옆의 사람의 귀에 가기 전에 얼어붙어 버린다. 봄에 가면 이 얼어붙었던 말들이 녹아서 떠드는 바람에 두 귀를 틀어막아야 한다!"

만주의 추위를 단적으로 과장해서 재미있게 얘기한 것이라고 나는 웃었다.

내 나이 이십이 넘었을 때 나는 미국 시카고 시로 유학을 갔었다.

그해 처음으로 맞는 시카고의 겨울은 나의 고향보다도 추웠다. 위도가 우리나라의 신의주와 같이 북위 40도이어서 영하 20도가 넘는 추운 날이 많았다.

크리스마스도 가깝고 겨울방학이 다 되어가는, 함박눈이 펑펑 쏟아지던 어느 날, 나는 70이 넘어 보이는 한 늙은이가 뼈만 남은 손으로 사람이 많이 다니는 행길에 서서 바이올린을 켜고 있는 것을 한참 바라보았다.

그는 헌 외투를 두껍게 입고 있었고, 희고 길게 뒤로 넘어간 머리털 위에는 검은 베레모자가 씌워져 있었으며, 한편 포켓에는 커다란 빈 깡통이 쇠줄에 매달려 있었다.

그가 열을 다해서 켜고 있던 것은 유머레스크의 멜로디였고, 고개를 수그리고 켜고 있다가 지나가는 사람들이 동전이나 은전을 깡통 안에 딸랑 하고 떨어뜨리고 지나가면, 그는 숙였던 고개를 쳐들어 고맙다는 인사를 표시하면서 더 열심히 켜는 모양을 하였다.

함박눈도 그 슬픈 멜로디를 맞추어주듯이 오르락내리락 바람에 휘날리고, 늙은이는 더욱 침통한 듯이 고개를 좌우로 흔들었다.

영화에서 보던 나폴리의 가두가인(街頭歌人)의 노래하던 모양을 대조하면서 나는 정신이 빠진 사람마냥 우두커니 서서 인생의 슬픈 광경을 한참 바라보았다.

내 나이 70이 다 되었어도, 눈이 오는 날이면 이 늙은이가 가두에서 바이올린 연주를 하던 광경이 그 슬펐던 상황과 함께 눈앞에 떠오를 때가 많다.

나는 겨울마다 눈이 온 누리를 덮어주는 고향의 겨울을 좋아했다.

눈이 소리도 없이 내리는 날에는 어쩐지 마음속이 어두워지고 멜랑콜리에 젖어질 때도 많지만, 눈이 내리는 모양과 하얗게, 맑게, 깨끗하게 쌓이는 모양은 더할 수 없이 아름다웠다.

나는 수필 「눈」에서 이러한 글귀들을 쓴 일이 있었다.

한 이파리씩 내리던 눈이 펑펑 하늘을 덮고 쏟아진다.

뺨을 때리고 스치는 눈은 그리 찬 것 같지 않다. 사실, 눈은 찬 것이 아닌가 보다.

산과 들을 덮어주고 그 속에서 꿈틀거리고 있는 모든 생명을 따뜻하게 감싸주는 커다란 이불 같은 사명을 지니고 있는 것이 눈이 아닐까. 눈은 따스한, 하얀 솜 같은 이불이다.

4월의 아늑한 대기와 흐뭇한 바람과 따스한 태양을 꿈꾸면서 쫑긋이 가지 위에 앉아 있는 꽃 움들을 눈은 흰 이불로써 고요히 덮어준다. 눈은 푸르른 대와 파아란 솔잎들 위에도 사뿐사뿐 내려앉아서, 그 희고, 맑고, 깨끗하고, 밝고, 부드럽고, 고운 꽃송이들을 피워놓는다.

산에, 산에, 들판에, 푸른 대에, 또한 푸른 솔에, 그 맑고, 희고, 고운 꽃송이들이, 눈송이들이 피어나고, 커가고, 빙그레 웃다가, 그만 불어오는 바람에 휘날려서 흩어진다.

흩어지고 피고, 피고 흩어지고, 눈은 온종일 소리 없이 내린다.

지금. 오늘의 사명을 다 마친 듯이, 눈은 소리 없이 내리고 소리 없이 그친다.

산에, 벌에, 나무 위에, 또한 지붕 위에 흰 눈은 이제 온 누리를 덮었다. 참으로 커다란 이불이다.

이제. 이 희고, 맑고, 깨끗하고, 따뜻한 이불 위로 불긋한 해가 천천히 흰 언덕을 넘어가고 있다.

7색의 무지개와 같은 아롱진 빛을 이끌고 흰 이불 위에 비스듬히, 또한 기다랗게 수를 놓으면서, 겨울의 차가운 태양은 그의 얼굴을 감추고 있다.

깃으로 찾아가는 까마귀들의 떼는 흰 이불 위에 유달리도 더 검어 보인다.

나는 지금도 이 글을 읽으면서, 흰 눈이 덮인 짧은 겨울 낮과 춥고 긴 겨울밤을 명상한다.

자연주의 철학자인 미국의 소로는 월든 숲속에서 자연과 벗하며 살면서 이렇게 말했다.

'오랫동안 나는 자진해서 숲속에 살면서 비바람, 눈바람을 지켜보는 사명에 나의 충성을 다 했다.'

《여성동아》 1976년 12월

나는 한 마리 갈매기요

나는 한 마리 갈매기요.

물이 맑고, 차디차고, 곱기로 유명한 동해에 살고 있는 한 마리의 보잘것없는 갈매기입니다.

장밋빛 아침 햇살이 푸른 바다 위에 퍼져서 올라올 때면, 나는 두 흰 날개 위에 누런 황금빛을 찬란하게 지고, 조그만 파도들과 함께 밀려드는 밀물과 같이 바닷가를 훨훨 날아다니지요.

밀물이 한창 밀려드는 바닷가의 모래판 위에는, 조그마한 물새들이 밀물 밖으로 뛰어나오는 새우새끼들을 쪼아먹으려고 총총걸음으로 뛰어다니고요.

새벽에 등산을 가서 '야호!' 하고 고함을 지르는 젊은 사람들도 많지마는 바닷가를 찾아서 황금색같이 찬란한 해를 바라보면서 하루의 황홀한 날을 맞이하는 늙은 이들도 많아요.

'떠오르는 저 해와 같던 나의 정열은 다 어디로 식어져 갔나!' 이러한 생각을 하시는지, 지팡이를 짚은 채, 떠오르는 해만 쳐다보고 서 있지요.

이들을 내려다보면서 나는 신이 나서, 나의 두 날개를 활짝 펴고, 바다의 왕자인 듯이 또한 바다의 시인(詩人)인 듯이 너울너울 춤을 추면서 지나가지요.

애들은 내가 승무와 같이 긴 날개를 펴고 너울너울 춤을 추는 모양을 바라보면서, 나를 한바다의 왕자라고 불러주지요.

젊은이들은 내가 빗속에 날개를 적시면서도, 태풍도 겁내지 않고 날아다니는 모양을 보면서, 나를 한바다의 구슬픈 방랑객이라고도 부르지요.

늙은이들은 나를 어떻게나 귀엽게 보았는지, 나를 한바다의 시인인 것같이 생각하는 모양이에요.

   저 건너 갈미봉에
   껑충 나는 저 백구야
   너를 잡으려는
   내가 아니다.
   성상이 날 버리시니
   너를 벗하려 내 여기 왔노라.

많은 시인묵객(詩人墨客)들이 나를 두고 이렇게 노래하기도 하지요.

그러나 나는 바다의 왕자도 아니요, 방랑자도 아니요, 더구나 시인이 될 수도 없습니다.

나의 울음을 한번 들어본 사람은, 나의 울음이 갓난애의 젖을 달라는 시끄러운 소리라고 하고, 나를 방랑객이라고 하지만, 우리는 조상 때부터 추운 캄차카반도에서 살다가 물이 맑고, 아침 해가 선명하고, 고운 동해변에 정착지를 마련하고, 철새의 운명을 면하고 살아온다고 해요.

제비나 다른 철새들은 철을 좇아서 덥고 아늑한 곳만 찾아서 떠돌이 생활을 즐기지만, 우리 갈매기들은 동해, 남해, 또한 서해에 정착해서 고운 섬들의 사이나, 조용한 만곡이나, 작은 포구(浦口)에서 마음을 놓고 한가하게 살고 있어요.

나의 몸매는 희고, 날개의 끝의 일부가 검고 흰 얼룩점이 있고, 머리와 등은 약간 청회색으로 덮여 있으나, 사람들은 나를 백구라고 부르지요.

나의 다리는 비교적 짧고, 물갈퀴 같은 발을 가졌으므로 산에 가서 살기에는 불

편하고, 바다에서 고기잡이를 하는 데는 안성맞춤이지요.

아마 바다는 우리 갈매기들을 위해서 생기고, 우리 갈매기들은 바다를 위해서 생겨났는지도 모르지요.

나는 아직 산에는 가 볼 생각도 못해 보고 멀거니 바라만 보지만, 흰 학들은 무엇을 먹고 산에서 살길래 천 년이나 오래 산다고 하는지요?

같은 흰 새이지만, 나보다 목이 길고, 다리가 길어서 그렇게 오래 사는지요?

요사이는 어쩐 일인지 물오리들이 전보다 떼를 지어서 더 많이 몰려와요. 낙동강 어구를 다녀서 이리로 오는 거예요.

그곳의 물은 흐리고, 냄새가 나고, 먹이도 많지 않고, 얄궂대요. 먹으면 속이 좋지 않고, 병에 걸린대요.

요사이 부산서 놀러왔다가 돌아간 친척 애들도 부산 앞바다의 물들이 이상한 냄새를 풍긴대요.

이곳에 와 보니 영일만의 물도 제맛이 아니고, 어딘가 좀 이상한 냄새가 난대요.

나는 아직까지, 형산강(兄山江) 하구에 자리하고 있는 종철(綜鐵) 굴뚝에서 빨간 불꽃과 함께 내뿜는 연기의 냄새이거니 하고 무관하고 있었어요.

그리고 생각하니 이상하긴 해요. 십 년 전에도 득실거리던 황어 떼들과 꼬스라기 떼들이 차차 없어져서 다 어디로 갔는지 거의 찾아볼 수가 없어요.

이른 봄이면, 민물에 알을 낳는 황어의 떼들이 형산강을 거슬러서 경주에까지 올라갔는데 지금은 좀처럼 볼 수가 없어요.

불국사와 석굴암이 자리를 하고 있는, 토함산으로부터 흘러내리는 형산강의 맑고 달디단 물이 또한 오염이 되어서 흐른다면 우리도 철새마냥 고향을 떠나야 할 신세가 되지나 않을까요?

지난 봄, 아버지는 형산강 어구에서 이상한 고기를 잡았다고 보여주지 않아요. 그것은 등이 불쑥 나오고 굽은 곱사등이 황어 새끼였어요.

그리고는 가끔 울릉도로 놀러갔다 온다고 하면서 외출을 자주 하셔요.

나는 정든 내 고향을 떠날 수가 없어요.

나는 철새들과 같이 헤매이고 싶지 않아요.

나는 수많은 바위섬들과 함께 빛나는 동해에서 영원히 살아갈래요.

《수필문학》 1979년 8월

신용이 광고다

자동차왕이라고 불리우던 헨리 포드의 명언을 나는 지금도 잊지 않고 있다.

신문기자들이 그에게 "왜 선생님은 제너럴 모터회사와 같이 당신의 포드 자동차의 광고를 많이 하시지 않습니까?" 하고 묻는 말에, 그는 "신용이 광고다."라고 간단하게 대답한 일이 있었다.

다른 자동차회사들은 해마다 신문, 잡지, 라디오, TV 등에 막대한 돈으로 다투어서 선전광고를 냈지만, 포드회사는 새로운 모델이 나오는 연말마다 한 번씩 새 모델을 소개하는 간단한 광고로 광고비를 절약해서 제품의 신용을 더하였다.

이렇게 함으로써 포드회사는 세계 제일의 자동차 판매고를 획득하였다고 한다.

다른 동물사회에서라면 몰라도 사람의 사회에서는 신용이 광고요 또한 생명이다.

개인도 그렇고, 단체도 그렇고 나아가서 국가도 그렇다. 하물며 국제무대에서 신용이 없다면 어떻게 선진대열에 낄 생각을 할 수나 있겠는가.

도산(島山) 선생의 말씀같이 "거짓말을 하지 말자. 농담에도, 꿈에도 거짓말은 하지 말자."

거짓과 가짜가 판을 치는 우리의 생리상태를 각 개개인이 하루빨리 청산해야 하겠다.

《샘터》 1979년 10월호

나의 수필론을 겸하여

문학평론가 아놀드(Mathew Arnold)는 문학에 대해서 다음과 같은 짧은 정의를 내린 바 있다.

> Literature is an artistic interpretation of life through the instrumentality of language.

> 문학은 언어를 사용하여서 인생을 예술적으로 표현하는 것이다.

즉, 문학이라는 것은 언어라는 기구의 도움으로써 인생을 해석하고 표현하는 데 있어서 예술적으로 하는 것이라는 뜻이다.

다시 말하면, 문학은 언어를 도구로 하지마는, 그것은 반드시 예술적 기교로써 표현되어야 한다는 뜻이다.

한 편의 수필도 예술적인 표현을 하는 데 있어서는 한 폭의 그림이나, 한 편의 시와 같이 예술적인 구상과 문학적인 스타일(Style)을 갖추어야 할 것이다.

근간에 수필을 전문으로 싣고 연구하는 수필잡지들이 나오는 것은 환영할 만한 일이다.

수필은 Non-fiction이기 때문에 간단한 글이지만, 현대인에게는 매우 요구되고 있는 글이다.

독자와 함께 작자의 인생관과 자연관이 대화처럼 전하여질 수 있는 글로서 시간이 바쁜 우리에게는 다른 일용품과 같이 필요하다.

현대인은 허구적인 이야기보다도 현실에서 얻을 수 있는 사실적인 지식을 더 많이 요구하고 있다.

캠벨(Walter Campbell)의 말을 빌면

> They think the prolongation of education induces a great respect for facts and a progressive loss of interest in fiction. Others believe that the Second World War has made people more serious-minded. They know that they cannot escape into fantasy that they must face facts and do something about them.

> 그들이 생각하는 것과 같이, 교육의 진보는 사실에 대한 것에 큰 존중성을 유발시켰고, 허구적인 이야기에 대한 취미는 점점 잃어버리게 하였다.
> 또 어떤 이들은 제2차 세계대전이 인간의 심정을 보다 더 진지하게 만들었다고 믿는다.
> 그들은 그들이 환상 속으로 도피할 수 없는 것을 알고 있으며, 또 그들은 현실에 부닥쳐서 그것을 타개해야 한다는 것을 알고 있다.

이와 같이 제2차 세계대전 이후에 모든 인간은 현실관에 더 유의하게 되고 현실타개에 더 몰두하게 된 것이 세계적인 사실인 것이다.

우리 출판계에서도 이런 경향을 뚜렷이 볼 수 있다.

잡지, 신문에도 fiction보다 Non-fiction이 더 많이 실리고 있는 현상이다. 사실에 대한 지식을 요구하는 독자들의 시대적인 새로운 욕구인 것이다.

이러한 지성에의 욕구는 세계적으로 공통적이며, 이 때문에 각국마다 Non-fiction의 부움(boom)이 일어나고 있는 현상이다.

이제 결론에서 나는 다음과 같은 몇 가지의 점을 지적하려고 한다.

1. 한 편의 시나, 한 편의 그림과 같이 수필은 그것이 가진 theme(주제)을 어디까지나 문학적으로 표현해야 할 것이다.

2. 수필은 '붓이 가는 대로', 자유롭게 일정한 형식이 없이 쓸 수 있다고 하였다. 그러나 그것은 형식이 없는 형식으로써 씌어지는 것이며, 이 형식은 작자 자신이 갖고 있는 성격과 품격의 표현으로써 구현되는 것이다.

3. 인생을 논하거나, 자연을 노래하거나, 거기에는 작자 자신이 말하고자 하는 theme이 있어야 할 것이다.

평론가 디보우(Alan Devoe)도 이렇게 말했다.

> Every article, however long or wandering, presumably has a theme. It has something particular to say. It has a point to make.

> 모든 작품은 길거나 번잡하거나 먼저 하나의 목적하는 바의 주제를 가지고 있는 것이다.
> 그것을 지적하는 데 있어서는 어떠한 특이성이 있지만, 그것은 어디까지나 표현하려고 하는 그 요점을 말하는 것이다.

이렇게 주제를 표현하고자 하는 요점은 항상 어느 작품에나 있어야 할 것이다.

4. 수필도 말로써, 글로써 표현되는 것인 만큼 하나의 예술적인 문학작품이 되어야 할 것이다.

- 나의 「수필론」의 일부

이상과 같은 나의 수필문학에 대한 견해가 하나의 작품을 어떻게 써냈는가 하는 간단한 메모를 아래에 적어본다.

눈

아침부터 눈이 내린다.
한 이파리, 한 이파리, 하이얀 눈이 무슨 잔 벌레인 양 뒷산을 넘어오는 찬바람을 타고 날아가고, 날아온다.
세상은 온통 하루살이 벌레들의 무늬로 물들고 있는 듯하다.

크게 확대해서 볼 때에는 별 모양도 하고, 꽃 모양도 한다는 그림을 언젠가 한 번 보았기에, 날아오는 그 한 놈을 손바닥 위에 잡았더니, 볼 사이도 없이 그만 물방울이 되었다가 풀어진다.

한 이파리씩 내리던 눈이 펑펑 하늘을 덮고 쏟아진다.
뺨을 때리고 스치는 눈도 그리 찬 것 같지 않다.

사실, 눈은 찬 것이 아닌가 보다.

산과 들을 덮어주고, 그 속에서 꿈틀거리고 있는 모든 생명을 따뜻하게 감싸주는 커다란 이불 같은 사명을 지니고 있는 것이 눈이 아닐까.

눈은 따뜻하고, 하얀 솜 같은 이불이다.
4월의 아늑한 대기와 흐뭇한 바람과 따스한 태양을 꿈꾸면서 쫑긋이 가지 위에 앉아 있는 꽃 움들을, 눈은 흰 이불로써 고요히 덮어준다.

8월의 태양을 꿈꾸면서, 하늘 높이서 떨고 섰는 포플러의 움들과 수양버들의 움들도, 눈은 다 같이 흰 이불로써 따뜻하게 덮어준다.

눈은 푸르른 대와 파아란 솔잎들 위에도 사뿐사뿐 내려앉아서, 그 희고, 맑고, 깨끗하고, 밝고, 부드럽고, 고운 꽃송이들을 피워놓는다.

젊은 솔에도, 늙은 솔에도 하이얀 꽃들이 피어난다.

산에, 산에, 들판에, 푸른 대에, 또한 푸른 솔에, 그 맑고, 희고, 고운 꽃송이들이, 눈송이들이 피어나고, 커가고, 빙그레 웃다가, 그만 불어오는 바람에 휘날려서 흩어진다.
흩어지고 피고, 피고 흩어지고, 눈은 온종일 소리 없이 내린다.

눈은 또한 먼 뜰 앞 언덕 위에 깔린 누런 잔디 속에서 꿈틀거리고 있는 벌레들과 벌레의 알들도, 다 같이 흰 이불로써 고이 덮어준다.

냉이와 달래의 속잎들도, 민들레와 할미꽃의 가는 뿌리들도, 눈은 다 같이 따스한 이불로써 가리어 준다.

지금.

오늘의 사명을 다 마친 듯이, 눈은 소리 없이 그친다.

산에, 벌에, 나무 위에, 또한 지붕 위에 흰 눈은 이제 온 누리를 덮었다. 참으로 커다란 이불이다.

지금.

이 희고, 맑고, 깨끗하고, 따뜻한 이불 위로 불긋한 겨울 해가 천천히 흰 언덕을 넘어가고 있다.

7색의 무지개와 같은 아롱진 빛을 이끌고 흰 이불 위에 비스듬히, 또한 기다랗게 수를 놓으면서 겨울의 차가운 태양은 그의 얼굴을 감추고 있다.

깃으로 찾아가는 까마귀들의 떼는 흰 이불 위에 유달리도 더 검어 보인다.

「눈」을 쓰고

영남, 특히 동해변인 포항에는 눈이 잘 내리지 않는다.
한겨울에 두어 차례 눈이 내리나 곧 녹아버리고 만다.
1955년 겨울에는 유달리 눈이 많이 내려 쌓였고, 몇 날을 두고 녹지를 않았다.
겨울에는 눈 속에 쌓이는 평양을 고향으로 갖고 있는 나는 고향에서 보내던 어린 시절의 겨울을 회상해 보았다.
그리고 '눈'을, 또한 '눈'의 미감(美感)을 표현하고 싶었다.

시의 형식으로도 얼마든지 표현할 수 있겠지만, 시를 쓰는 정신을 갖고 산문으로 표현해 보았다.

　물론 산문도 시의 정신이 없이는 예술적인 문장이 될 수는 없다.

　시는 산문을 줄이고 줄여서 그 정수를 결정(結晶)하는 것이라면, 산문은 시를 늘이고 늘여서 살을 붙이는 것이라고 생각한다.

　수필은 확고한 형식이 없이, '붓이 가는 대로', '제멋대로'로 쓸 수 있다고 생각하는 이들이 있는 것 같다.

　그러나 어떤 작품을 막론하고 그 주제가 없이는 성립할 수 없을 것이다.

　눈과 인생과의 관계를 철학적으로 깊이 파고 들어가면, 그것은 딱딱한 논문이 되고 말 것이다.

　문학과 과학의 분야는 엄연히 구별되어 있다.

　나는 문학적인 입장에서, 눈을 관찰하고 직관력으로써 눈을 표현해 보았다.

　그러나, 나의「눈」은 눈이, 대자연의 일부로서 갖고 있는, 그 소재의 극히 작은 부분만을 관찰한 데 불과하다.

　좋은 상(想)과 좋은 문장은 무한한 노력으로써만 얻어질 수 있다는 것을 늘 느끼고 있을 뿐이다.

『수필작법』 윤재천 편, 형설출판사, 1973

나는 수필을 즐겨 쓴다

나는 수필을 즐겨서 쓴다.

수필도 하나의 문학형식임을 알 때, 나는 어떠한 모양의 문장으로 엮어가야만 문학적인 또한 예술적인 품위를 갖출 수 있을까 생각해보지 않을 수 없다.

영국의 평론가 매튜 아놀드는 문학에 대해서 이러한 정의를 내린 바 있다.

'Literature is an artistic interpretation of life through the instrumentality of language.'

(문학은 언어를 사용하여서 인생을 예술적으로 표현하는 것이다.)

즉, 문학이라는 것은 언어라는 기구의 도움으로써 인생을 해석하고 표현하는 데 있어서 예술적으로 하는 것이라는 뜻이다.

다시 말하면, 문학은 언어를 도구로 하지마는 그것은 반드시 예술적(artistic)으로 표현되어야 한다는 뜻이다. 한 편의 수필도 예술적인 표현을 하는 데 있어서는 한 폭의 그림이나, 한 편의 시와 같이 예술적인 구상과 문학적인 문장(Literary Style)을 갖추어야 할 것이다.

인생의 3대 요소라고 일컫는 진, 선, 미 중에서 모든 예술과 문학은 미의 부분에 속한다. 그러므로 우리는 아름다움을 창조할 수 있는 문장으로써 철학적인 시정신이 담긴 작품을 창작하는 공부에 노력해 보기도 한다.

영국의 시인 키이츠는,

'Beauty is truth; Truth is beauty.'

(美[아름다움]는 眞[참됨]이요, 眞은 美다.)

이렇게 노래했다.

우리는 한 편의 수필을 쓸 때에도 먼저 진실한 태도(Mood)로서 거짓과 과장이 없는 문장을 써야 하겠다.

'참다운 예술은 자연을 진실하게 묘사한 것이다.'

이것은 아리스토텔레스의 말이다.

'지혜가 깊을수록 지혜의 모가 드러나지 않는다. 잘된 예술품일수록 기교가 드러나지 않는다. 좋은 문장은 그저 그 말하고자 하는 뜻을 가장 적절하게 표현했다 뿐이다.

 남의 눈에 지혜로써 눈에 뜨이고, 남의 눈에 교묘하게 기교가 눈에 뜨일 적에는, 아직 참된 지혜도 아니고, 또한 참된 예술품이라고 할 수가 없다.'

이것은 프랑스의 화가 밀레의 말이다.

때때로 시간의 흐름에 변해가는 자연의 현상과 인생의 애환을 관찰하기 위해서, 나는 늘 수필을 즐겨서 쓰게 된다.

누구나 다 읽어서 잘 알 수 있는 말로써, 나의 직관력으로 관찰한 정서를 다 함께 느껴보고 싶은 것이 내가 쓰고 싶은 수필이다.

《수필춘추》의 창간을 기뻐하면서

한국수필춘추동인회, 《수필춘추》, 1977

뻐저리 아저씨

발행일	2025년 05월 30일 초판 1쇄 발행
지은이	한흑구
펴낸이	김재범
펴낸곳	(주)아시아
출판등록	2006년 1월 27일 제406-2006-000004호
주소	경기도 파주시 회동길 445
	(서울 사무소 : 서울시 동작구 서달로 161-1, 3층)
전자우편	bookasia@hanmail.net

ISBN 979-11-5662-795-1
값 20,000원